Margrit Stamm

ANGEPASST, STREBSAM, UNGLÜCKLICH

Margrit Stamm

ANGEPASST STREBSAM UNGLÜCKLICH

Die Folgen der Hochleistungsgesellschaft für unsere Kinder

Kösel

Penguin Random House Verlagsgruppe FSC® N001967

Redaktion: Margarethe Brunner
Umschlaggestaltung: zero-media.net, München
Umschlagmotiv: FinePic®, München
Satz: Satzwerk Huber, Germering
Druck und Bindung: GGP Media GmbH, Pößneck
Printed in Germany
ISBN 978-3-466-37285-0
www.koesel.de

Inhalt

III
ELTERN ALS MAXIMIERER

IV
DAS AUTHENTISCHE KIND

Vorwort

Besonders fleißig und gute Noten – ein solches Kind ist der Traum mancher Lehrkräfte und Eltern, weil es beste Aussichten auf eine erfolgreiche Bildungslaufbahn hat. Wenige dieser Kinder mögen hochbegabt sein, doch manche sind Hochleister – oder präziser: Überleister. Überleister sind junge Menschen, die mehr leisten, als man von ihnen aufgrund ihrer Anlagen erwarten würde. Ihre Erfolge basieren auf großer Anstrengung, enormem Ehrgeiz – und oft auch auf hohem Leistungsdruck. Doch Überleistung ist ein Thema, dem man ungern in die Augen schaut.

Unsere Hochleistungsgesellschaft ist ein guter Nährboden für dieses Phänomen, denn die Verschwendung von Humankapital gilt als größtes Hindernis einer florierenden Gesellschaft. Überleistende Kinder gelten folglich als Musterbeispiel für junge Menschen, schöpfen sie ihre Potenziale doch scheinbar voll und ganz aus. Um das Humankapital zu fördern, setzt die Bildungspolitik auf gute Schulen, professionelle Lehrkräfte, einen leistungsstarken Nachwuchs mit förderbereiten Elternhäusern und auf hohe Bildungsabschlüsse. Das heizt die Überleisterkultur mächtig an.

Solche bildungspolitischen Trends haben Auswirkungen auf das Selbstverständnis von Schulen, Lehrkräften, Familien sowie Fachexpertinnen und -experten. Zum einen erfahren sie, wie im Zuge von Akademisierung und Bildungsexpansion viele Abschlüsse zunehmend entwertet werden. Hauptschul- und Realschulzeugnisse zählen deutlich weniger als noch vor zehn Jahren. Studienabschlüsse werden wichtiger, sind aber weniger wert. Ein Bachelor ist Voraussetzung für viele Berufe, aber längst keine Karrieregarantie mehr. Angesichts dieser gesellschaftlichen Entwicklung ist es kaum erstaunlich, dass manche Eltern enorm in die Bildung ihrer Kinder investieren und ihr Engagement bisweilen überdimensioniert wirkt. Doch dahinter steckt nicht einfach nur Ehrgeiz, sondern genauso ein Bildungssystem, das eine Menge vom Elternhaus erwartet – etwa die Kontrolle von Hausaufgaben, die Unterstützung bei der Erstellung von Referaten und Power-Point-Präsentationen oder die Vorbereitung auf Prüfungen.

Diese Entwicklungen sind die Hauptursachen für die Überbetonung von Leistungsexzellenz. Eltern stehen unter einem großen Druck, den sie an ihre Kinder weitergeben und der auch dazu führen kann, dass sie diese zu überdimensionierten Leistungen antreiben. Dieses Phänomen betrifft bei Weitem nicht nur den Weg ins Gymnasium oder den Verbleib in ihm, sondern ebenso Langsamlerner mit deutlichen Leistungsschwächen, deren Eltern mit allen Mitteln auf einen angemessenen Schulabschluss pochen, oder Kinder mit Lernschwierigkeiten, welche nonstop zu guten Leistungen angehalten werden.

Um nicht falsch verstanden zu werden: Leistungsorientierung und hohe Erwartungen von Schule und Elternhaus sind für eine erfolgreiche schulische Laufbahn der Kinder wichtig – dies ist eine wissenschaftlich vielfach bestätigte Tatsache. Problematisch werden hohe Erwartungen erst, wenn sie zum Hauptmerkmal der Schulkultur oder zu einer familiären Lebenshaltung werden. Unter solchen Bedingungen ist es normal, wenn sich Kinder selbst eine Überleister-Brille aufsetzen. Sie sind überzeugt, dass es keine Rolle spielt, wie viele Stunden sie für Hausaufgaben, Prüfungsvorbereitung, zusätzliche Lernunterstützung, Therapie und alle aufwendigen Freizeitaktivitäten einsetzen. Es kann immer noch mehr sein, deshalb nimmt ihr gefühlter Druck ständig zu. Höchste Zeit, einen kritischen Blick auf das zu lenken, was unsere optimierende Konkurrenzgesellschaft mit den Kindern macht.

Solche Gedanken sind Thema dieses Buches. Es beschäftigt sich mit dem gesellschaftlichen Trend, die Ausschöpfung des Leistungspotenzials zu priorisieren, kaum aber auf die tatsächlichen Fähigkeiten der Kinder und Jugendlichen Rücksicht zu nehmen. Darum bleibt unberücksichtigt, was zu hohe Erwartungen für ihre Kraft und Motivation – und für ihre Seelen – bedeuten. Überleistung ist ein bisher unberücksichtigtes, nahezu unerforschtes und ebenso verschwiegenes Thema. Wohl gibt es Fachliteratur zu den problematischen Aufwachsbedingungen der Kinder und Jugendlichen, zum Leistungsdruck in der Schule und zu seinen Auswirkungen. Trotzdem bleibt ihr schwieriges Leben im Dunkeln. Eher richtet man einen isolierten Blick auf psychische und physische Störungen und blendet aus, was die Kluft zwischen Leistung, Erwartung und Vermögen anrichtet.

Entstanden ist ein Buch über die neue Kultur der Überleistung als Preis unserer Optimierungsgesellschaft. Doch es ist kein Aufruf zum Mittelmaß, sondern eine Aufforderung, endlich eine Debatte über die Auspressung des Leistungspotenzials unserer Kinder zu führen.

Die Motivation, mich verstärkt mit dieser Thematik auseinanderzusetzen, hat viel damit zu tun, dass ich selbst Mutter bin und die Zwänge zwischen schulischen Anforderungen und kindlichem Vermögen gut kenne, zwischen dem schwierigen Temperament des Kindes und den Erwartungen respektive Sorgen von Eltern oder zwischen den Vorstellungen der Schule, was Elternengagement sein soll und den zeitlich limitierten Möglichkeiten berufstätiger Mütter und Väter. Deshalb spiele ich weder die Bedeutung von Schulerfolg und guten Noten hinunter noch stelle ich leistungsorientierte Lehrkräfte oder fordernde Eltern und ihre Erwartungshaltungen an den Pranger. Vielmehr ist es für mich zu einer empirisch legitimierten Gewissheit geworden, dass dieses herausfordernde Phänomen weder den Eltern noch der Schule und dem Bildungssystem allein in die Schuhe geschoben werden kann. Die Forderung nach Hochleistung ist zu einem gesellschaftlichen Mandat geworden, das kritisch hinterfragt werden muss.

In erster Linie geht es mir darum, Leserinnen und Leser zu motivieren, sich mit der Thematik und ihren vielen Facetten auseinanderzusetzen. Was brauchen Kinder, damit sie auf einem herausfordernden, aber nicht überfordernden Niveau zeigen können, wozu sie in der Lage sind und was ihnen zu viel ist? Meine Antwort ist: Sie sollen authentischere Kinder werden dürfen und ihre eigene und nicht fremdbestimmte Persönlichkeit entwickeln können. Deshalb widme ich dieses Buch den jungen Menschen, welche wir in Einzelinterviews anlässlich meiner Seminare zu »Kinder und Leistungsdruck« befragt haben sowie ihren Eltern, aber auch allen meinen Kolleginnen und Kollegen aus der Pädiatrie, die mir Beispiele aus ihrer Praxis erzählt haben. Genauso widme ich es den Schulen, Lehrpersonen, Fachleuten, bildungspolitisch Tätigen und Eltern, die Kindern helfen wollen, authentischer aufwachsen zu dürfen. Die Botschaft, welche wir ihnen vermitteln sollten, ist die: So, wie sie sind, ist gut genug. Oder, mit Johann Heinrich Pestalozzi gesprochen: Ihr Herz darf leben und wirken, doch Kinder müssen nicht immer glänzen.

Aarau, im Frühling 2022
Margrit Stamm

Einleitung

Überleistung? Dieser Begriff ist im deutschen Sprachraum nicht geläufig. Ganz anders in den USA, dort gehört *Overachievement* zum Alltagsvokabular und gilt als etablierter Fachbegriff, eine deutsche Übersetzung gibt es nicht. Dass Überleistung dort so populär ist, dürfte in den Auswahlsystemen der renommierten Colleges liegen, die neben reichen Eltern hervorragende Leistungen voraussetzen, um überhaupt aufgenommen zu werden. *Overachievement* gehört deshalb für viele Familien zur strategischen Tagesordnung. Es gibt nur ein Ziel: Bestnoten – unbesehen davon, welche Anstrengungen erforderlich und welche psychischen Beeinträchtigungen damit verbunden sind.

Hierzulande ist die Situation nicht derart krass, doch die Tendenz ist unübersehbar. Manche Kinder sollen unentwegt hochleistungsbereit sein und Ergebnisse liefern, die jedoch nicht selten über ihrem Motivations- oder Fähigkeitsniveau liegen. Manchmal gilt dies auch für ihre anspruchsvollen Freizeitaktivitäten. Solche Kinder wirken wie Hochleister, die fleißig lernen und sich Anforderungen anpassen können. Doch der Eindruck täuscht. Kinder, die mehr leisten müssen als sie eigentlich können, dürfen nicht mehr »normal« sein, weil Scheitern gewissermaßen verboten ist. Deshalb werden schlechte Noten sofort mit zusätzlichem Engagement ausgebügelt oder es wird nach einer Lernstörung gesucht, um nicht zufriedenstellende Leistungen legitimieren zu können.

Das Grundproblem: Die Fixierung auf Hochleistung

In den letzten Jahren sind viele Bücher mit teils aufsehenerregenden Titeln (*Die Burnout-Kids*) erschienen, die von massiven emotionalen Problemen heutiger Kinder und Jugendlicher berichten. Meist werden der schulische Leistungsdruck, die sozialen Medien und der verwöhnende Erziehungsstil dafür verantwortlich gemacht. Solche Parameter sind keinesfalls zu leugnen, aber sie verkörpern vor allem Begleiterscheinungen, welche die Sicht auf das Grundproblem verdecken.

Der Ursprung von Überleistung liegt kaum in den Kindern selbst und nur teilweise in Lehrkräften oder Eltern, sondern vor allem in Gesellschaft und Bildungspolitik. Wettbewerbsorientierung, Akademisierung sowie der Appell an eine »verantwortete Elternschaft«[1] waren um die Jahrtausendwende die Wegbereiter, welche die Überleisterflamme entzündet haben. In der Zwischenzeit hat sie auf Bildungssystem und Familie übergegriffen. Entstanden ist eine Optimierungskultur, welche Überleistung zu einem gesellschaftlichen Mandat macht. Damit ist gemeint, dass Ideen, welche die Sichtweisen von immer mehr Menschen steuern, einen bestimmten Verhaltens- und Denkstil vorgeben, der zu einem gesellschaftlichen Code wird.

Doch es wäre falsch, Überleistung ausschließlich als negatives oder gefährliches Phänomen zu verstehen. Es gibt Kinder, die Merkmale von Überleistung zeigen, aber seelisch in ausgewogener Verfassung sind, ein gutes Selbstwertgefühl haben und sich positiv entwickeln. Beispiele sind durchschnittlich intelligente, wissensdurstige Kinder, die gerne zur Schule gehen, sodass sie von Eltern und Lehrkräften manchmal fast gebremst werden müssen. Doch solche Kinder gibt es eher wenige.

Wie versetzt man Kinder in einen gebildeten Zustand?

Dass Überleistung mit ihren vielen Facetten zwar ein verdecktes, aber belastendes Thema in Schulen und Familien ist, erfahre ich jeweils im Anschluss an meine Referate, gerade im Zusammenhang mit meinem Buch *Lasst die Kinder los – Warum entspannte Erziehung lebenstüchtig macht.* In solchen Veranstaltungen schlagen die Emotionen hoch, sobald die Frage auftaucht, wie Kinder in einen gebildeten Zustand versetzen werden können und wie ihr Potenzial auszuschöpfen ist.

Meine Erfahrung entspricht keinesfalls dem, was in den Medien immer wieder berichtet wird: dass alle Eltern überehrgeizig seien. Oder dass Schulen grundsätzlich stresserzeugend wirken und die individuellen Möglichkeiten der Kinder zu wenig berücksichtigen würden. Mein Eindruck ist eher der, dass sowohl Lehrkräfte als auch Eltern die Folgen ihres Engagements respektive ihrer Erwartungen sensibilisierter wahrnehmen als je zuvor. Deshalb melden sich in meinen Referaten auch durchaus selbstkritische Zuhörerinnen und Zuhörer zu Wort, die als Väter, Mütter, Lehrkräfte oder Fachexpertinnen und -experten sowie als bildungspolitisch Tätige nach zukunftsträchtigen Lösungen suchen. Trotzdem schwingen in den Diskussionen häufig die Optimierungsgesellschaft und der unbedingte Erfolg der Kinder oder die damit verbundenen Unsicherheiten in Schule und Freizeit als übergreifendes Mantra mit. Im Mittelpunkt stehen beispielsweise Fragen, inwiefern Lehrkräfte und Eltern die Kinder dazu anhalten sollten, ihr Talent zu optimieren und das Potenzial nicht zu vergeuden oder ob frühe Leseinstruktion als Schulvorbereitung Erfolg verspricht. Fast immer schimmert die Sorge durch, die Kinder könnten zu wenig gefördert werden. Selten geht es aber um die vielleicht wichtigsten Fragen: Wie kann man als Lehrperson, Mutter oder Vater Standfestigkeit entwickeln und sich vom Optimierungs-Mainstream abgrenzen? Was braucht es, um realistische Erwartungen zu entwickeln, ohne in überfördernde und überfordernde Erziehungs- und Ausbildungsmuster hineinzuschlittern? Und: Wie können die Entwicklung einer intrinsischen Motivation der Kinder unterstützt und Fallstricke umgangen werden, welche lediglich auf konforme Leistungsprodukte – die Noten – ausgerichtet sind?

Solche Fragestellungen haben mannigfaltige Berührungspunkte mit dem Thema Hoch- und Überleistung. Sie zwingen uns, zur Kenntnis zu nehmen, dass es sich dabei um ein komplexeres Phänomen handelt, als es der alleinige Fokus auf ehrgeizige Eltern suggeriert. Oft spüren Kinder zwar, dass sich die Eltern viel von ihnen erhoffen und auch Druck machen. Doch nicht selten sind es ebenso schulische Anforderungen, Leistungs- und Selektionsdruck. Manchmal sind es auch Freundinnen und Freunde, welche überleistende Kinder nicht verlieren wollen.

Überleistung als gesellschaftliches Mandat: die These

Zu hohe Erwartungen, ein angeschlagenes Selbstbewusstsein, die Angst vor Fehlern – solche Merkmale lassen manche Kinder zu Überleistern werden. Sie können kaum eigenmotiviert Interessen entwickeln, werden immer abhängiger von der Unterstützung durch Dritte und verlieren manchmal sogar die Freunde, die ihnen eigentlich wichtig wären. Und vor allem können sie trotz guten Leistungen kaum je wahrhaftige Freude am eigenen Erfolg entwickeln. Damit bekommen sie einen schweren und mit Risiken bepackten Rucksack auf ihre Schultern geladen.

Solche Erkenntnisse bilden die Basis für die zentrale These meines Buches:

> Bildungspolitische und gesellschaftliche Entwicklungen wie Leistungsorientierung und Optimierungszwang, schulische Testkultur oder Akademisierungsbestrebungen sind Hauptursachen dafür, warum immer mehr Kinder auf Hochleistung getrimmt werden. Sie müssen Ergebnisse liefern, die eigentlich über ihren Fähigkeiten liegen. Diese Überleisterkultur ist ein gesellschaftliches Mandat, dem zu widerstehen für Schule und Elternhaus eine Herausforderung geworden ist. Es braucht deshalb einen Perspektivenwechsel hin zum authentischen Kind.

Warum Überleistung als Thema oft verschwiegen wird, ist Thema des hinführenden Kapitels. Anhand von vier Faktoren zeige ich die Hauptpfeiler auf, welche Hoch- und Überleistungen in einem zwiespältigen Licht erscheinen lassen – auch wenn sie vordergründig als bewundernswert gelten. Anschließend konzentriere ich mich im ersten Schwerpunkt auf die Katalysatoren von Überleistung und die damit verbundenen Player: die aktuellen gesellschaftlichen Entwicklungen, den auf Optimierung ausgerichteten Zeitgeist, das Bildungssystem und die Probleme und Herausforderungen des Leistungssports.

Im zweiten Schwerpunkt geht es um die überleistenden Kinder selbst, genauer um ihre unterschiedlichen Merkmale. Dabei wird deutlich, dass es *den* Überleister oder *die* Überleisterin zwar nicht gibt, sie jedoch einen gemeinsamen Nenner haben: wenig Selbstvertrauen und viele Selbstzweifel. Im Mittelpunkt des dritten Schwerpunkts stehen Väter und Mütter, welche wegen den vorherrschenden gesellschaftlichen Bedingungen zu Maximierern der kindlichen Leistungsfähigkeit werden. Ausdruck dieser Maximierer-Haltung sind Bildungspanik und kontinuierliche Kontrolle der Kinder – beides Phänomene als Folgen der Angst, aus dem Nachwuchs könnte nichts Rechtes werden.

Schließlich ziehe ich im vierten Schwerpunkt Bilanz: Was eine entwicklungsangemessene und humane Leistungsbereitschaft und Leistungsfähigkeit sein soll, ist neu zu definieren. Kinder müssen nicht durchgehend Hochleistungen an den Tag legen. Sie dürfen manchmal auch lediglich durchschnittlich sein und hin und wieder scheitern. »Das authentische Kind und seine Rechte« wird deshalb zur Leitidee für einen Perspektivenwechsel. Ich zeige Leitideen auf, anhand derer sich Schulen, Lehrkräfte und Eltern von der Überleisterkultur distanzieren können und Bildungssysteme entsprechende Vorkehrungen treffen können. Auf diesem Weg brauchen Kinder und Jugendliche bestimmte überfachliche Kompetenzen wie Selbstvertrauen, Hartnäckigkeit, Begeisterung, Selbstwirksamkeit und Frustrationstoleranz.

ÜBERLEISTUNG: DAS VERSCHWIEGENE THEMA

Geht es um die Schulleistungen der Kinder, werden Eltern oft als überehrgeizige Erziehungsverantwortliche gebrandmarkt. Allerdings liegt die Problematik eher in Bildungspolitik und Bildungssystem, welche die Überleisterkultur mächtig anheizen. Doch dies bekommt manchen Kindern nicht besonders gut. Psychische und physische Auffälligkeiten, insbesondere auch ein mangelndes Selbstvertrauen, dürften Ausdruck überdimensionierter Hochleistung sein.

Sind hochleistende Kinder nicht ein Segen für Schule und Familie?

Schon kleine Kinder werden so gefördert, dass sie möglichst früh als aufgeweckte Kids den Eindruck erwecken, gegenüber anderen Kindern einen Vorsprung zu haben. Dieses Optimierungsstreben ist Ausdruck einer Gesellschaft, welche Bildung ab der frühesten Kindheit als Treibhaus versteht. In ihm soll jedes Kind nach Belieben wie ein Diamant geschliffen und so geformt werden, dass es maximal leistungsfähig wird. Doch Treibhausförderung kann zu überforcierten Hochleistungen führen und eine Nicht-Passung zwischen Fähigkeiten und Leistungsaufwand zur Folge haben. Wichtige Entwicklungsschritte können deshalb beeinträchtigt werden.

Trotzdem ist die Ansicht verbreitet, dass sich die Schule zufrieden schätzen könne, wenn sie hochleistende Kinder zu unterrichten hat und die Eltern stolz sein dürfen über ihr besonders strebsames Kind. Dass Überleistung dahinterstecken könnte, wird meist vernebelt und als Ausdruck eines zu vollen Terminkalenders oder zu hoher Ansprüche des Kindes an sich selbst interpretiert (»Das Mädchen ist einfach derart ehrgeizig«). Zwar wirken überleistende Kinder auf den ersten Blick meist erstaunlich angepasst und enorm fleißig, während andere daneben als Faulenzer erscheinen. Doch manche dieser Kinder wollen vor allem das Image aufrechterhalten, das Schule und Eltern ihnen überstülpen. Als Überleister sind sie oft am Limit und stehen unter Dauerstrom. Sie schlafen bei den Hausaufgaben fast ein oder müssen sich enorm zwingen, nachher noch ins Training zu fahren, auch wenn sie dort Freunde treffen.

Diese Situation hat Konsequenzen, die viel weiter reichen als der Blick auf die möglicherweise beeinträchtigten Psychen der Kinder – obwohl diese Tatsache für Bildungspolitik, Fachexpertinnen und

-experten sowie Eltern und Lehrkräfte allein schon ausreichend sein sollte, um die Problematik aus einem neuen Blickwinkel zu diskutieren. Nicht lediglich im Hinblick auf die *Burnout-Kids* oder die Forderung nach mehr Diagnose und Therapie, sondern aus der Sicht des *Overachievements*. Die Überleisterkultur beeinflusst nicht nur Schulen, Eltern und deren Kinder, welche das Gymnasium besuchen oder eine Ausbildung absolvieren sollen, die über ihren Fähigkeiten liegt, sondern das ganze Bildungssystem. Diese Kultur trägt dazu bei, junge Menschen in einen Weg zu drängen, der mit Angst vor Misserfolgen und Nichtgenügen gepflastert ist, die unverplante Freizeit und Möglichkeiten zur Selbstbestimmung beiseiteschubst und Kinder in ihrem Selbstvertrauen lähmt. Solche Erfahrungen haben die Aufwachsbedingungen vieler Kinder in den letzten beiden Jahrzehnten drastisch verändert.

Nicht normal, sondern speziell soll das Kind sein

Jedes Kind ist einzigartig. Dies steht in vielen Ratgebern. Nur wird der Begriff »Einzigartigkeit« bisweilen strapaziert. Zu selten wird unterschieden zwischen der angeborenen Einmaligkeit des Kindes und einem unrealistischen »Speziellsein«. Die Anerkennung, dass jedes Kind einmalig ist, bringt es vorwärts, die Pflicht zum »Speziellsein« hindert es an seinem Fortschritt.

Manchmal wird dieses »Speziellsein« mit hoher Intelligenz verbunden und als Vorhersagefaktor für Bildungserfolg herangezogen. Klärt der Psychologe die Eltern auf, das Kind sei intelligenzmäßig normal, sind sie oft etwas enttäuscht. Verständlich, weil damit das Erhoffte vom Tisch ist. Vielleicht hat die Gaußsche Glockenkurve etwas damit zu tun. Denn sie verdeutlicht, dass bei der Messung der Intelligenz einer Vielzahl gleichaltriger Kinder das Bemerkenswerte eintritt: Die Summe der Messwerte ergibt die absolut vorhersagbarste Kurve – die Glocke – und damit die Normalverteilung. Das bedeutet, dass sich die Intelligenzwerte um die Mitte gruppieren, während sich die Ausreißer symmetrisch auf beiden Seiten anordnen. Vor diesem Hintergrund und mit Blick auf eine überragende Intelligenz macht das erhoffte »Speziellsein« der Kinder nur einen Anteil von etwa zehn Prozent aus.

Die Glockenkurve kann allerdings nur in der Theorie ein Wegweiser zur Bestimmung sein, wann Kinder überdurchschnittlich intelligent sind und wann nicht. In der Praxis hat das Normale weitaus unschärfere Grenzen. Dies stürzt Eltern oft in ein Dilemma: Wie hält man die Überzeugung aufrecht, dass das Kind speziell ist? Manchmal, indem man von einer psychologischen Praxis zur nächsten läuft, bis die Bestätigung auf dem Tisch liegt. Doch speziell sein zu *müssen* und zu *bleiben,* erfordert von den Kindern meist harte Arbeit. Sie spüren, dass sie permanent beobachtet werden, ob sie die Erwartungen von Lehrkräften und Eltern erfüllen oder nicht. Ein solches Dauermonitoring erschwert die Entwicklung resilienten Verhaltens und züchtet Abhängigkeit.

Eltern und ihre Abhängigkeit vom Kind

Viele Kinder mit guten bis sehr guten Noten betreiben nicht nur einen sehr großen Aufwand für die Schule, sondern haben oft recht besorgte Eltern. Solche Kinder erleben deshalb keinen entspannten Erziehungsstil, sondern eher eine »Kindheit plus«. Sie müssen in der Schule gut sein und in mindestens einem außerschulischen Bereich brillieren. Doch nicht nur die Kinder sind von ihren Müttern und Vätern abhängig, so wie es in Anbetracht ihrer Unmündigkeit erwartbar wäre, sondern die Eltern genauso von ihren Kindern.

Diese gegenseitige Abhängigkeit wird zum Fundament mancher Eltern-Kind-Beziehung. Deshalb ergeben sich bereits beim Übertritt in die obligatorische Schule Ablösungsprobleme, die sich auch noch beim Beginn eines Hochschulstudiums zeigen können und Ausdruck der Schwierigkeiten sind, den Sohn oder die Tochter ziehen zu lassen.

Der zweite, damit verbundene Aspekt ist der, dass sich Väter und Mütter oftmals mit den Schulleistungen der Kinder identifizieren und sich entsprechend gut oder schlecht fühlen. Der Hauptgrund ist ein einfacher: Damit Eltern als gute Eltern gelten, muss das Kind Erfolg haben, und dieser wird dadurch zum Erfolg der Eltern. Doch ein solcher Ehrgeiz ist in erster Linie ein Produkt der Hoch- und Überleisterkultur.

Faktoren von Überleistung

Der eigentliche Motor von Überleistung ist das Bildungssystem selbst, das auch die außerschulische Leistungsoptimierung anheizt. Dies hat zur Folge, dass sowohl Erfolg und Misserfolg der Kinder den Eltern und ihrem Verhalten zugeschrieben werden. Auf Hochleistung getrimmte Kinder sind Abbilder dieser systemischen Zusammenhänge. Die Kinder reagieren zwar mit unterschiedlichen Strategien, doch haben ihre Merkmale einen gemeinsamen Nenner: hohe Selbstzweifel, wenig Selbstvertrauen und ein niedriges Gefühl von Selbstwirksamkeit.

Faktor 1: Das Bildungssystem als Motor für Überleistung

Schon im Kindergarten werden die Eltern auf die Hochleistungskultur eingestimmt. Den Elterngesprächen werden vielerorts mehrseitige Standortbestimmungen zugrunde gelegt, die auf standardisierten Beurteilungen basieren. Bildungsverantwortliche unterstreichen zwar, dass solche Kompetenzraster allein der individuellen Entwicklungsförderung des Kindes dienen sollen. Doch in vielen Elternhäusern kommt diese Maßnahme als Vermessung der Kinder an, gefolgt von der Frage: Ist unser Kleiner gut genug? Oder sind die anderen Kinder besser, und müssen wir deshalb noch mehr mit ihm und an ihm arbeiten?

Es ist kaum überraschend, dass sich Eltern ab dem Eintritt in den Bildungsraum für den Schulerfolg ihres Kindes verantwortlich fühlen und auf Unterstützungsmaßnahmen pochen, wenn das Kind »nur« dem Durchschnitt entspricht und vielleicht als etwas langsamer, verträumter und verspielter als die anderen Kinder eingeschätzt wird. Gäbe es nicht die Lern- und Erziehungspsychologinnen und -psychologen, die permanente Nachhilfe und Lernstudios, ganz abgesehen von elterlichen Beschwerden als Ellbogenreaktionen, damit die Kinder vorwärtskommen, könnte der Nachwuchs die an ihn herangetragenen Leistungserwartungen während der Schulzeit kaum stemmen.

Faktor 2: Leistungsoptimierung und Determinismus

Manche Mütter und Väter folgen dem, was das Bildungssystem mit seiner Leistungsorientierung und Akademisierungsperspektive will, nämlich der Optimierung schulischer, musischer und sportlicher Fähigkeiten. Das ist nicht erstaunlich, denn Mütter und Väter werden heute für alles verantwortlich gemacht. »Eltern-Determinismus« ist der wissenschaftliche Begriff dafür, den Sharon Hays sowie Frank Furedi[2] geprägt haben. Beide kamen zum gleichen Ergebnis, dass die Leistungsfähigkeit des Kindes und die Fähigkeit seiner Eltern, gute Eltern zu sein, kausal verknüpft sind. Zeigen sich Probleme in der kindlichen Entwicklung, sind die Eltern schuld. Umgekehrt gilt ein (hoch-)leistungsfähiges, frühreifes oder sogar hochbegabtes Kind ebenso als Verdienst der Eltern und als Ausweis ihrer Kompetenz. Wer somit das Risiko verpasster Chancen in Kauf nimmt und inaktiv bleibt, wenn sich der Schulerfolg nicht so wie erwartet einstellt, muss als Vater oder Mutter die Schuld bei sich selbst suchen. Um sich diesen Vorwürfen zu entziehen, lassen sich Eltern oft von therapeutischen Fachkräften eine Diagnose der kindlichen Schwierigkeiten geben, um sich vor weiteren Schuldzuweisungen und Optimierungsverpflichtungen zu schützen.

Andererseits gibt es auch einen »Lehrer-Determinismus«. Zeigen sich in der Schule nicht die erwarteten Leistungen, dann sind die Lehrkräfte schuld, welche zu streng, zu lasch, zu unter- oder überfordernd sind und das Kind nicht angemessen fördern.

Faktor 3: Produkte der Hochleistung

Erstaunlich ist das immer wieder Beobachtbare: Da sieht man Kinder, die den Vorstellungen von Schule und Eltern widerspruchlos folgen und viel Zeit für Hausaufgaben, Prüfungsvorbereitungen und anspruchsvolle Freizeitbeschäftigungen aufwenden. Dass ein solches Programm nicht nur zeitlich stark getaktet und überfrachtet, sondern auch mit (zu) hohen Anforderungen verbunden ist und teilweise negative Auswirkungen haben kann – darüber spricht man nicht gern.

Lieber sucht man den Psychologen oder die Kinderpsychiaterin auf mit der Frage, wie man dafür sorgen kann, dass das Kind effizienter wird, als dies aktuell der Fall ist. Anstatt die eigene Rolle ebenfalls unter die Lupe zu nehmen, betonen Eltern eher, wie sehr sie selbst unter dem Leistungsdruck des Kindes leiden. Damit erwecken sie den Eindruck, den schulischen Vorgaben hilflos ausgeliefert zu sein und mit dem Übel des Leistungsdrucks nichts zu tun zu haben. Dies ist zu kurz gedacht. Schulen müssen zwar aufgrund ihrer Leistungs- und Selektionsfunktion einen gewissen Druck erzeugen, aber der gesellschaftliche Zeitgeist spielt eine ebenso wesentliche Rolle.

Fasst man die Forschung zum *Overachievement* zusammen, ist der Tenor eindeutig: Die meisten Überleister sind von einem schulischen und familiären Milieu geprägt, das von ihnen Leistungen erwartet oder eine Ausbildung wünscht, die sie nur mit großen Anstrengungen oder permanenter externer Unterstützung erbringen können. Solche Kinder reagieren mit unterschiedlichen Strategien, sei es mit genereller Überleistung oder mit einer Spezialform, dem *Self-Handicapping*. Damit ist gemeint, dass Kinder sich selbst als Reaktion auf ihre Versagensangst zum Beispiel als schüchtern, krank und/oder ängstlich darstellen, um im Fall des Scheiterns eine Begründung anführen zu können. Beides sind Verhaltensweisen, welche nicht durch Erfolgserlebnisse als persönliche Befriedigung gekennzeichnet sind, sondern durch die Hoffnung auf Wertschätzung und Anerkennung durch andere. Darum sind schlechte Leistungen eine Katastrophe (siehe Kapitel 6).

Faktor 4: Zu viele Selbstzweifel, zu wenig Selbstvertrauen

Manche denken, ein smartes Kind zu sein, mache das Leben leichter – unbesehen davon, wie viel Aufwand es für gute Leistungen erbringen muss. Aber dem ist kaum so. Diesen Kindern bekommt das ihnen verordnete leistungsorientierte Leben nicht besonders gut, auch wenn es vielleicht nicht per se sichtbar wird. Oft sind sie erschöpft und von Selbstzweifeln geplagt. Zwischen der permanenten Konzentration auf gute Leistungen und dem rasanten Anstieg an Diagnosen und Therapien besteht ein Zusammenhang, der inzwischen vielfach nachgewiesen worden ist.[3] Doch dieser Anstieg hat auch damit zu tun, dass mittels einer Therapie das Kind entweder wieder leistungsfähig gemacht oder mittels der Diagnose »Lernbeeinträchtigung« legitimiert werden soll, warum die Probleme nichts mit seiner Begabung zu tun haben. Lieber die Diagnose Dyskalkulie als eine schlechte Mathematiknote.

Gut, besser oder am besten sein zu müssen, führt bei manchen Kindern, die auf zu hohem Niveau Leistungen zu erbringen haben, zu ausgeprägten Selbstzweifeln. Ersichtlich wird dies daran, dass mehr als 60 Prozent der Kinder bereits im Grundschulalter eine Therapie hinter sich haben, eines von zehn Kindern schon in psychotherapeutischer Behandlung gewesen ist und mehr als zehn Prozent von Schul- und Prüfungsangst geplagt sind. Die Kinder- und Jugendpsychiatrie spricht sogar von *Burnout Kids* und ihren Erschöpfungsdepressionen.[4]

Selbstzweifel gehen meist einher mit mangelndem Vertrauen in die eigenen Fähigkeiten und das eigene Können. Die Wissenschaft nennt dies das Gefühl der Selbstwirksamkeit. Selbstwirksame Menschen halten sich für fähig, neue Dinge zu lernen, Einfluss zu nehmen und damit Herausforderungen erfolgreich zu bewältigen. Bei Überleistern ist das Gefühl von Selbstwirksamkeit dagegen oft schwach ausgeprägt. Sie sind überzeugt, dass ihre Erfolge nur Einzelfälle sind. Darum schreiben sie diese nicht sich selbst zu, sondern äußeren Umständen wie der Schule, den Eltern, dem Glück, dem Zufall. Überleister sind nicht erfolgs-, sondern misserfolgsorientiert.

I

GESELLSCHAFT UND BILDUNGSSYSTEM: KATALYSATOREN VON ÜBERLEISTUNG

Das Bildungssystem ist ein Abbild der Hochleistungsgesellschaft geworden. Diese Entwicklung verstärkt die Konkurrenzorientierung zwischen Familien und ihre Konzentration auf die Leistung als Produkt: die Noten. Dass manche Eltern ihre Antennen dauernd ausgefahren haben, wenn es ums Gymnasium oder um den Leistungssport geht, ist eine logische Reaktion auf solche Trends.

Kapitel 1
Das Bildungssystem provoziert den Elternehrgeiz

Bildung und Ausbildung sind in modernen Gesellschaften zu entscheidenden Größen für die soziale Platzierung der Individuen und die beruflichen Chancen im Lebensverlauf geworden. Somit ist zentral, wie die Bildungschancen verteilt werden. Dabei zeigt sich in allen deutschsprachigen Staaten ein deutlicher Trend zur Akademisierung. Akademisierung gilt als Garantin für eine bessere berufliche Qualität der jungen Menschen, weshalb zunehmend mehr Berufe einen entsprechenden Abschluss verlangen. Dadurch werden viele Bildungstitel entwertet. Obwohl die Forderung nach akademischer Ausbildung nur eingeschränkt durch die Forschung abgesichert ist[5], erhöht sie die Konkurrenzorientierung in Schule und Elternhaus.

Seit den 1990er-Jahren erwartet die Bildungspolitik von den Eltern explizit, dass sie mehr schulische Verantwortung für ihre Kinder übernehmen. Sobald diese ins Bildungssystem eintreten, bekommen Väter und Mütter zu hören, wie eng die Leistungen der Sprösslinge mit ihrer Unterstützung verbunden seien. Wer sich nicht entsprechend verhält, gilt deshalb schnell einmal als »Problem-« oder gar als »Risiko«-Eltern. Dies dürfte eine der Ursachen sein, warum sich Väter und Mütter derart engagieren.

Solche Themen greift dieses Kapitel auf. Es untersucht die Rolle des Bildungssystems ab dem Kindergarten und die testgetriebene Schulkultur mit ihren Auswirkungen. Dabei wird den Eltern oft unhinterfragt eine Rolle als Hilfslehrkräfte zugeschoben. Das Bildungssystem ist deshalb zumindest teilweise für die familiären Optimierungsstrategien verantwortlich. Dies gilt sowohl für die Frage, wer eigentlich ins Gymnasium gehört als auch für den Leistungssport, der im Hinblick auf die Talentförderung immer unbarmherziger wird.

Mit dem Kindergarten beginnt der Ernst des Lebens

Für manche Familien beginnt der Schulstress nicht erst vor dem Übertritt ins Gymnasium, sondern bereits beim Eintritt in das Schulsystem – der in der Schweiz vom obligatorischen Kindergartenbesuch ab dem vierten Geburtstag markiert wird. Das geflügelte Wort, wonach der Kindergarten den Ernst des Lebens einläute, hat angesichts der zunehmenden Verschulung seine Berechtigung. Solche Vorwürfe sind auch in Deutschland und Österreich zu hören und zu lesen.[6]

Viele Eltern empfinden sich als Versager, sobald das Kind etwas nicht kann, das der Kindergarten eigentlich von ihm erwartet. In solchen Situationen fahren sie ihre Antennen noch mehr aus und fühlen sich darin bestätigt, dass »man etwas machen muss«. Bildungsverantwortliche vertreten zwar meist die Meinung, dass es ja neben den formalisierten Berichten auch Gespräche mit den Eltern gäbe und dadurch Ängste aufgefangen werden könnten. Zwar ist eine solche Argumentation wohlwollend, doch blendet sie die institutionelle Macht von Kindergarten und Schule und die Abhängigkeit der Eltern aus. Und auch aus einer entwicklungspsychologischen Perspektive legitimieren sich frühe standardisierte Beurteilungen kaum, weil viele defizitorientiert ausgerichtet sind. Fast jedes Kind ist von Natur aus dazu angelegt, sich ordentlich zu entwickeln, aber zu kompliziert, um immer und in jeder Struktur perfekt zu funktionieren. Dieser Erkenntnis müssten frühe Lernstandserhebungen, Lernberichte und Rückmeldegespräche von Lehrkräften mit Eltern vermehrt Rechnung tragen.

Tatsache ist, dass angesichts der zunehmenden Annäherung des Kindergartens an die Didaktik der Grundschule das freie Spiel mehr und mehr von einem »Unterricht« nach einem detaillierten Zeitplan verdrängt wird. Bestimmte Bildungsbereiche (»Fächer«) werden in Lektionen abgearbeitet und systematisch Arbeitsblätter eingesetzt. Der eigenständige Bildungs- und Erziehungsauftrag des Kindergartens, der das Lernen durch das Spiel in seinen vielfältigen Variationen und die Förderung von Kreativität in den Mittelpunkt stellt, droht in Vergessenheit zu geraten und zu verschwinden.[7]

Das Gras wächst nicht schneller, wenn man an ihm zieht

Die Praxis früher standardisierter Lerneinschätzungen hat aufgrund des leistungsoptimierenden Blicks auf Kinder eine neue Bedeutung bekommen. Sie zeigt sich im Streben nach einem guten Start in die Grundschule, der in bildungsbeflissenen Familien fast zu einer kollektiven Zwangsvorstellung geworden ist. Eltern nehmen die Fortschritte des Kindes schon früh so ernst, als ob es um eine Aufnahmeprüfung ginge.

An der Universität Fribourg führten wir eine Längsschnittstudie mit gut 300 Familien durch, bei der Daten zur Familienorganisation, zur Förderung der Kinder und zur Entwicklung derselben gesammelt wurden. Titel dieser Studie ist abgekürzt »Franz«: *Früher an die Bildung – erfolgreicher in die Zukunft?*[8] 73 Prozent der Väter und Mütter in unserer Studie sagen, dass gute Leistungen ab Eintritt in den Bildungsraum sehr wichtig oder wichtig sind und sie als Eltern ihre Kinder deshalb unterstützen müssen (Abbildung 1). Dies zeigt sich unter anderem darin, welche Bedeutung sie den Lese- und Mathematikkompetenzen beim Schuleintritt beimessen. Der Sprössling soll bereits rechnen, das Alphabet aufsagen, schon ein paar Sätze lesen und einige Wörter schreiben können. Manche Väter und Mütter wetteifern regelrecht mit Freunden und Nachbarn um die so erzielten Wissensfortschritte.

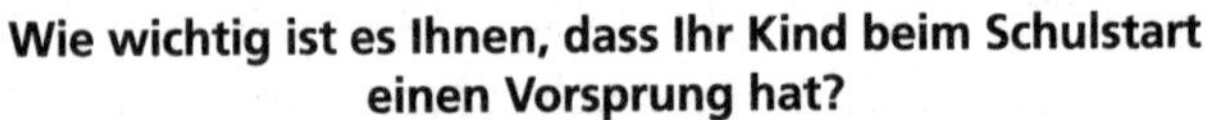

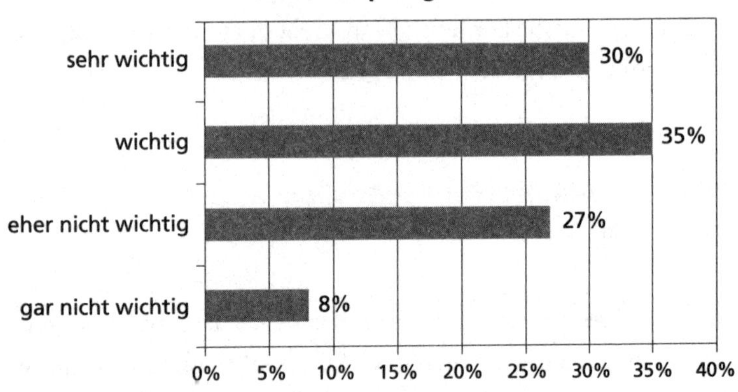

Abbildung 1: Die Bedeutung von Lese- und Mathematikkompetenzen beim Schuleintritt aus Sicht von Eltern (N = 302 Familien), Franz-Studie

Offenbar verstehen nicht wenige Eltern das frühe Einüben von Lesen, Rechnen und Schreiben als Strategie, um dem Nachwuchs einen Vorsprung gegenüber anderen Kindern zu verschaffen. Dies hat zur Folge, dass Kinder mehr Zeit als je zuvor in Förderkursen, an Kinderuniversitäten oder in schulähnlich organisierten Angeboten verbringen. Obwohl solche Kurse auch entwicklungsförderlich sein können, bleibt immer weniger Zeit für das freie Spiel, weil es weder zu den Terminkalendern der Eltern noch zur Laufbahnplanung des Kindes passt. Doch das freie Spiel ist ein entscheidender Entwicklungsmotor. Es umfasst alle Aktivitäten, die von den Kindern selbst initiiert werden, intrinsisch motiviert und zweckfrei erfolgen und persönlich gesteuert sind. Die Forschung unterstreicht den hohen Wert des freien Spiels uneingeschränkt, weil sich Kinder in stimulierende Handlungen versenken können.

Das Gras wächst nicht schneller, wenn man daran zieht: Dieses afrikanische Sprichwort bildet sich in vielen wissenschaftlichen Erkenntnissen ab. Keine Studie konnte bisher belegen, dass frühe Lese- oder Rechenübungen einen Vorsprung beim Schuleintritt zur Folge haben und aus Schulanfängern spätere Sprachtalente, Rechengenies oder hervorragende Schüler machen. Darauf verweisen auch die Ergebnisse unserer Studie »Frühlesen und Frührechnen als soziale Tatsachen«.[9]

Die testgetriebene Schulkultur und ihre Auswirkungen

Die Schule ist eine Institution geworden, welche sich spätestens seit den Pisa-Studien mit Vergleichen zwischen Schülerinnen und Schülern befassen muss. Die zunehmend etablierte Testkultur und der Fokus auf die Noten als Leistungsprodukt sind eine wichtige Ursache dafür, weshalb viele Eltern sich geradezu gezwungen fühlen, auf gute Leistungen der Kinder zu setzen und vielleicht auch Druck auf sie auszuüben.

Die Flut solcher Maßnahmen schafft einen Konkurrenzdruck, den alle spüren: die Schulkinder selbst, Lehrkräfte und Eltern, Fachleute und bildungspolitische Behörden. Doch es gibt auch viel wissenschaftliche Kritik, die vor allem im Zusammenhang mit der Veröffentlichung der Pisa-Ergebnisse massiv gestiegen ist. Ein markanter Skeptiker ist Konrad Liessmann. In seinem Buch *Bildung als Provokation* schreibt er, dass die Bildung des Menschen Formung, Entfaltung, Orientierung und Selbstgestaltung beinhalte müsse. Bildung ließe sich nicht auf den Erwerb von Wissen oder von Kompetenzen reduzieren. Und schon gar nicht auf den internationalen Vergleich.

Dass eine auf Tests bezogene Schulkultur Noten mehr gewichtet als die Prozesse des Lernens, ist eine wichtige These. Nach wie vor erweckt das Bildungssystem mit seinen Selektionsstrukturen den Eindruck, dass Noten allein für einen erfolgreichen Übertritt in eine höhere Bildungsstufe maßgebend sind. Dies löst bei nicht wenigen Vätern und Müttern die Vorstellung aus, es gehe in erster Linie um die Schaffung eines Wettbewerbsvorteils, weshalb das eigene Kind bessere Noten als andere haben müsse. Und um besser als andere zu sein, braucht es oft überdimensionierte Anstrengungen mit dem Ergebnis, dass sich Kinder zu Überleistern entwickeln.[10]

Selbstbeurteilung und selbstorganisiertes Lernen als Achillesfersen

In der Grundschule weitet sich die unterschwellige Konkurrenzlogik auf die Technik der Selbstbeurteilung aus. Kinder müssen nun den Blick auf sich selbst üben. Bekannte Begriffe aus dem Personalwesen wie »Zielvereinbarungen«, »Standortbestimmungen« oder »Portfolio« versprühen dieses neue Virus, das aber die leistungsbezogenen Sorgen von Eltern weiter anheizt. An sich ist die Fähigkeit, sich selbst beurteilen zu können, wichtig. Doch Selbstbeurteilungsbögen können unbeabsichtigte Nebenwirkungen auslösen, wenn die Frage »Wer bin ich?« abgelöst wird durch die Frage: »Bin ich gut genug?« Wer ständig aufgefordert wird, über die eigenen Lernfortschritte nachzudenken und Schlüsse für die Zukunft zu ziehen, erlebt von klein auf, dass alles gemessen und bewertet wird.

Auch der Dauerzwang zur Selbstbeurteilung kann den Leistungsdruck steigern. Dies trifft für manche überleistenden Kinder und Jugendlichen zu, weil viele von ihnen eher misserfolgsorientiert und deshalb überzeugt sind, sie seien nicht gut genug und müssten permanent an sich arbeiten. Die Verpflichtung zur Selbstbeurteilung nimmt ihnen deshalb die Freude, etwas intrinsisch motiviert zu tun, unabhängig davon, ob sie darin gut sind.

Selbstbeurteilung geht oft mit dem selbstorganisierten Lernen einher, das unter dem Label fortschrittliche Lernformen eingereiht wird. Dieses Label ist durchaus berechtigt. Doch die vielleicht größte Herausforderung für die Schule besteht darin, die Fähigkeit zum selbstorganisierten Lernen nicht lediglich vorauszusetzen, sondern die dafür notwendigen Techniken systematisch zu vermitteln und in der Praxis einzuüben. Die Pandemie hat eindrücklich gezeigt, dass es in dieser Hinsicht noch viel zu tun gibt. Selbstverständlich gibt es Kinder, die sich selbst motivieren, Lernprozesse ohne gezielte Hinführung planen und steuern sowie die Verantwortung für das eigene Lernen übernehmen können. Doch für ängstliche Schülerinnen und Schüler, zu denen viele Überleisterkinder gehören, kann selbstorganisiertes Lernen überfordernd sein, weil sie ständig auf sich selbst zurückgeworfen werden.

Eltern als Hilfslehrkräfte?

Die aktive Mitwirkung der Eltern ist in vielen Schulgesetzen verankert und wird deshalb im Wesentlichen vorausgesetzt und eingefordert. Auch in manchen wissenschaftlichen Aufsätzen wird das Engagement von Vätern und Müttern unhinterfragt als notwendige Leistung des Elternhauses betrachtet. Eine Mutter, die an unserer Franz-Studie teilnahm, beschreibt dies allerdings aus einer anderen Perspektive:

> »Als unser Sohn zur Schule kam, glaubte ich, gut daran zu tun, seine schulische Förderung den Lehrerinnen und Lehrern zu überlassen. Schon nach drei Monaten wurde ich in die Schule zitiert. Ich müsse unbedingt mit ihm das Lesen und Schreiben üben. Ein wichtiger Teil des Lernens, so wurde mir gesagt, fände zu Hause statt. Dies bestätigten die Lehrkräfte dann am Elternabend, der zwei Wochen später stattfand. Doch ich frage mich: Sind wir »Problemeltern«, wenn wir mit unserem Kind nicht genug üben? Wenn so viel Lernen zu Hause stattfindet, was bleibt dann die besondere Rolle der Schule?«

Aus dem Blickwinkel dieser Mutter sind Eltern, welche die verordnete Hilfslehrerfunktion nicht übernehmen wollen oder können, für die Schule zu wenig verantwortungsbewusst. Tatsächlich können Erwartungen von Schulen zu einer Schwarz-Weiß-Malerei führen und engagierte Eltern als das unabdingbare Modell für den kindlichen Schulerfolg emporstilisieren. Dies erweckt den Eindruck, mit dem erforderlichen Engagement könne man aus jedem Kind einen erfolgreichen Menschen machen. Ein so verstandenes Elternengagement hat deshalb auch einen faden Beigeschmack. Statt der Frage nachzugehen, wie unsere Schulen zu stärken sind, damit sie jenseits der vorausgesetzten Elternunterstützung allen Kindern eine umfassende Bildung anbieten können, geht die Debatte in eine falsche Richtung. Sie fördert geradezu die Elternaufrüstung und das Dahinschwinden der schulischen Lehr- und Lernhoheit.

Hochleistungsgesellschaft und Hochbegabung

Auf der Suche nach dem Besten für das Kind ist das engagierte und auf viel freiwilliges Üben und Lernen fokussierte Elternverhalten nicht die einzige Perspektive, um schulerfolgreiche Kinder zu produzieren. Bildungsambitionierte Väter und Mütter sind sich auch über die immer größer werdende Bedeutung des Bildungswettbewerbs und die schulischen Anforderungen im Klaren. Deshalb möchten sie sich von der breiten Masse unterscheiden. Weil manche der Ansicht sind, ihr Kind würde in der Schule zu wenig gefördert, erhoffen sie sich von einer Diagnose Hochbegabung bestimmte Vorteile. Dies ist einer der Hauptgründe, eine psychologische Praxis nach der anderen aufzusuchen, bis eine solche Diagnose vorliegt.

Paradoxerweise gibt es unter hochbegabten Kindern auch solche, die zu Hochleistungen angestachelt werden, obwohl dies nicht ihren Bedürfnissen entspricht. Das Beispiel von Markus steht stellvertretend dafür. Doch es sind bei Weitem nicht immer die Eltern, welche diese Situation auslösen. Genauso können es Lehrerinnen oder Lehrer sein, welche ein hochbegabtes Kind mit ihren enormen Erwartungen an seine Leistungsfähigkeit zusätzlich unter Druck setzen.

»ICH HASSE ES, HOCHBEGABT ZU SEIN«

»Ich bin verflucht, weil ich hochbegabt bin.« Diese Worte stammen nicht aus dem Mund einer erwachsenen Person, sondern vom zwölfjährigen Markus. »Alle sagen immer, ich sei hochbegabt. Aber ich weiß gar nicht, was das bedeutet. Ich hasse es, hochbegabt zu sein. Meist fühle ich mich so, als ob ich nicht gut genug wäre. Alle wollen, dass ich überall besser bin als die anderen – nur weil

ich hochbegabt bin. Aber ich weiß nicht, wie ich besser werden kann.«
Auch die Eltern von Markus sorgen sich, weil sich der Lehrer immer wieder meldet mit Aussagen wie »Markus könnte es besser. Er strengt sich zu wenig an.« Für die Eltern hört es sich so an, als ob der Fehler bei ihnen liegen würde, weil sie das Potenzial von Markus nicht angemessen herausfordern oder nicht mehr von ihm verlangen.

Kapitel 2
Optimierungsstrategien in der Hochleistungsgesellschaft

Unsere Gesellschaft ist auf die Bildung und Erziehung einer erfolgreichen Spezies Kinder ausgerichtet: auf junge Menschen, die permanent am Leisten sind und deshalb vielleicht in der Schule, vielleicht in der Freizeit oder vielleicht an beiden Orten zu Überleistern werden. Die Überleisterkultur ist nicht nur wegen ihrer Existenz belastend, sondern auch deshalb, weil aus ihr eine Lebenshaltung erwächst, die vom Bildungssystem auf die Familie übergegriffen hat.

Optimierung ist an sich nichts Falsches, denn sie ist ein zentrales Thema vieler Kulturen. Doch mit Blick auf die kindliche Entwicklung hat das Optimierungskonzept seine grundlegende Ethik verloren, weil es den Seelenhaushalt des Kindes übermäßig strapaziert und keine Zeit für den Seelentrost bleibt. Jenseits der Hochleistungsprämisse haben viele Kinder in diesem Konzept keinen Platz mehr, auch solche mit Defiziten oder nachdenkliche, schwerfällige und langsame Kinder. Optimierung zielt auf die Formbarkeit des Individuums und zu selten auf das, wozu es fähig ist und was seine Neigungen und Eigenheiten ausmachen. Darum kann der fast manische Blick auf die kindliche Optimierung eine lähmende Wirkung haben.

Seitdem der Beginn der schulvorbereitenden Förderung biografisch so früh angesiedelt wird, spielt das Bildungssystem eine noch wesentlichere Rolle. Zwar sind die frühen Jahre eine Zeit enormen körperlichen, emotionalen und geistigen Wachstums, in der Kinder eine ungeheure Kapazität zum Lernen entwickeln können. Doch in den letzten beiden Jahrzehnten hat sich die frühkindliche Förderung gerade in bildungsaffinen Milieus immer mehr zu einem Hype um die beste Schulvorbereitung entwickelt. Dies ist wenig erstaunlich. Denn aus Sicht der Bildungspolitik sollen Eltern in die Förderung der Kinder investieren und sich ihrer wichtigen Rolle in der schulischen Förderung bewusst werden. Solche Erwartungen erfüllen heute in erster Linie gut gebildete Eltern, aber manche erkennen oft auch schmerzlich, wie sehr der »*Speedy*-Reiz« – eine Metapher in Anlehnung an »die schnellste Maus von Mexiko« aus dem Zeichentrickfilm *Speedy Gonzales* – dominiert und dass »gute« Frühförderung vor allem die ganzheitliche Förderung aller Sinne wäre.

In diesem Kapitel geht es um Optimierungsstrategien der Hochleistungsgesellschaft. Eltern lernen, dass Erfolg in erster Linie darüber definiert wird, wie eine Leistung aussieht, welches Niveau sie widerspiegelt und dass sie immer mit einem gewissen Risiko verbunden ist. Deshalb müssen schon kleine Kinder kompetent erscheinen und auf Erwachsene Eindruck machen. Logischerweise steht darum das perfekte Kind auf dem Programm.

Tücken der Talentförderung

In den letzten Jahren hat sich eine bemerkenswerte Talentepidemie ausgebreitet. Dies dürfte zwar viel mit der Hochleistungsgesellschaft und ihrer Optimierungswut zu tun haben, aber genauso mit der Tatsache, dass wir in einer Risikogesellschaft leben. Nur in dieser Kombination lässt sich das Überleisterphänomen verstehen. Zunächst fallen die vielen medialen Werbebotschaften und Plakate auf, welche Eltern mit dem Aufruf zur Talentförderung ihres Nachwuchses eindecken. Dabei ist der Tenor meist derselbe: »Liebe Eltern, macht das Beste aus eurem Kind. Fördert seine Talente, sucht stets das Neue und strebt nach Erfolg. Ihr müsst in das Kind investieren und sein Potenzial entwickeln, damit es all seine Möglichkeiten austesten kann. Die Kinder sind eure Zukunft!«

Eigentlich hört sich das gut an. Endlich weg von der Defizitperspektive hin zu dem, was der Nachwuchs kann. Auf einen solchen Perspektivenwechsel haben wir lange gewartet. Trotzdem kann man sich darüber nur eingeschränkt freuen. Denn die Tatsache, dass wir in einer *Risikogesellschaft* leben, hat spätestens in der Corona-Krise ihren fühlbaren Höhepunkt erreicht. Der vom Soziologen Ulrich Beck im gleichnamigen Buch geprägte Begriff meint, dass in unserer hoch entwickelten Gesellschaft mehr Risiken entstanden sind und laufend entstehen, als die staatlichen Kontrolleinrichtungen zu bewältigen vermögen. Dazu gehören soziale, ökologische, politische, aber auch individuelle Risiken. Sie bestimmen zunehmend unsere Lebensbedingungen. Unsicherheiten über die gesellschaftliche Zukunft, über Arbeitsplätze sowie steigende berufliche Anforderungen machen der jungen Generation ganz besonders zu schaffen.

Obwohl heute jeder Mensch höhere Chancen hat, sich selbst zu verwirklichen und mehr Handlungsspielräume bestehen, wird unsere Gesellschaft mit dem »Fahrstuhleffekt« konfrontiert. Damit meint Beck, dass die Bildungsexpansion[11] zwar allen Gruppen der Bevölkerung Vorteile gebracht hat, weil das Ausbildungsniveau insgesamt angehoben wurde und unsere Gesellschaft eine Etage nach oben befördert hat. Die Folge ist aber, dass in dem Maße, in dem der Bedarf nach Ausbildung wächst, ihr Wert sinkt. Je mehr aktuelle Bildungszertifikate abgewertet werden, desto wichtiger wird der Erwerb der nächsten. Wenn sich alle ähnlich verhalten und mehr in ihre Ausbildung investieren, zählt auch die beste Leistung weniger als bisher. In der Risikogesellschaft ist Talentförderung deshalb das Gebot der Stunde. Der Nachwuchs soll besser werden als die Konkurrenz.

Kinder nur spielen lassen? Das geht nicht!

Die Bedingungen der Risikogesellschaft haben dazu geführt, dass sich Familien mit wachsenden Leistungsanforderungen konfrontiert sehen und die Messlatte höher setzen als jede Generation zuvor. Das macht Väter und Mütter verletzlich und fragil. Einerseits hat der gesellschaftliche Wandel ihnen und ihrem Nachwuchs auf vielen Ebenen neue Fördermöglichkeiten gebracht, andererseits beeinflusst das fast ultimative Gebot zur Optimierung kindlicher Fähigkeiten die Eltern derart, dass es mit einer fast moralischen Panikmache verbunden ist.[12]

Eine besondere Problematik liegt in der verbreiteten Überzeugung, dass es nicht mehr zulässig ist, ein Kind vor Schuleintritt und schon gar nicht mehr im Schulalter vor allem spielen zu lassen. Kinder sollten sich schulisch relevantes Wissen möglichst früh aneignen und sich dann neben der Schule auch außerschulisch profilieren. Das Beispiel von Pierre macht deutlich, wie sehr Kinder unter Druck geraten und sich den ihnen aufgetragenen Aktivitäten manchmal nur schwer entziehen können – vor allem dann, wenn das Spielen mit Freundinnen und Freunden auf Geheiß den Förderaktivitäten untergeordnet werden soll.

»ICH WILL LIEBER SPIELEN ALS SCHWIMMEN«

Während eines Schwimmkurses sitzen zwei Mütter nebeneinander und plaudern über ihre Erfahrungen. Die Mutter von Pierre (zehn Jahre alt) macht folgende Bemerkung: »Wir entschieden uns, wir würden dieses Jahr den Schwerpunkt aufs Schwimmen setzen.« Die andere Mutter spricht sie auf das »wir« an und sagt, sie würde diese Formulierung sehr erstaunlich finden. In diesem Moment kommt Pierre, der Sohn der erstgenannten Mutter hinzu, offensichtlich entrüstet. »Ich will heute nicht zum Schwimmen gehen, ich will mit den anderen spielen«, sagt er ziemlich bestimmt. Seine Mutter wird für einen kurzen Moment unsicher, dann gewinnt sie ihre Haltung zurück. Sie schaut herum, ob weitere Personen zuhören und sagt dann streng: »Wir sind den ganzen Weg hierhergefahren – und du wirst schwimmen gehen.« Pierre schüttelt den Kopf. »Wenn du nicht schwimmst heute, dann ist's vorbei. Du wirst mir das nicht noch einmal antun«, so die Mutter. Pierre beginnt zu weinen.

Pierres Mutter steht mit ihrer Meinung nicht allein da. 65 Prozent der Eltern hatten in unserer Franz-Studie angegeben, das freie Spiel sei weniger wichtig als die organisierten Freizeitaktivitäten. Deshalb ist es nicht überraschend, dass den Kindern heute mehr als eine Stunde weniger freie Spielzeit zur Verfügung steht als noch vor zwanzig Jahren, wie dies im UNICEF-Bericht »Zur Lage der Kinder in Deutschland« vermerkt wird.[13] Auch unsere Untersuchung zu den Aktivitäten von Grundschülern weist nach, dass das freie Spiel jenseits von Erwachsenenkontrolle heute lediglich noch fünf Prozent der Wochenaktivitäten ausmacht, während Förderaktivitäten rund ein Viertel des Gesamtprogramms umfassen.

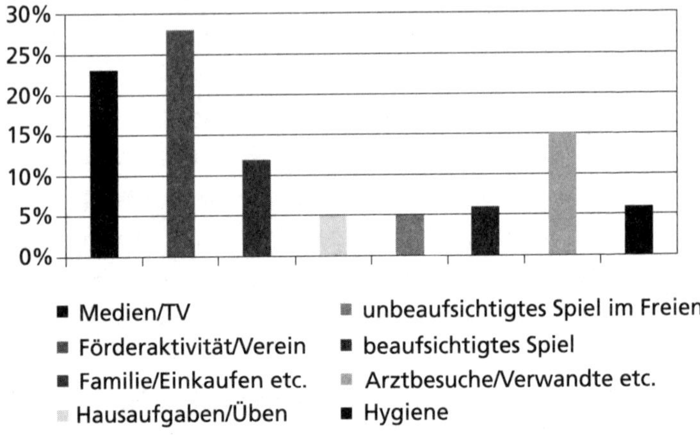

Abbildung 2: Wochenaktivitäten von sechs- und siebenjährigen Kindern (N = 302 Familien), Franz-Studie

Doch Pierres Meinung findet eine wissenschaftsbasierte Legitimation. Nicht nur für ihn, sondern für die meisten Kinder dieses Alters steht das Spiel im Freien als bevorzugte Aktivität gleich hinter »Freunde treffen« auf dem zweiten Platz – noch vor TV, Computer und Internet.[14] Und auch die Forschung unterstreicht den hohen Wert des Spiels uneingeschränkt. Für ein optimales Lernen in der Schule braucht es vor allem Neugier, Konzentration und Ausgeglichenheit. Solche *Soft Skills* lassen sich im Spiel erlernen und trainieren, weil sich Kinder in stimulierende Handlungen versenken können. In der Wissenschaft wird dieser Prozess »Flow« genannt[15], der sie vor extrinsisch motiviertem Antrieb zu Überleistung schützt.

Die Hypothek von Akademikerkindern

In unserer Kultur gelten Leistung, Optimierung und Können als Wegmarken der Identitätsentwicklung. Deshalb wird von Kindern geradezu erwartet, dass sie nach Erfolg streben. Dies ist einer der Gründe, weshalb gut situierte Familien manchmal so etwas wie Statusarbeit betreiben. Sie versuchen, die Kompetenz-Positionierung in Form von ökonomischen und kulturellen Investitionen zu sichern, damit der Nachwuchs im besten Licht erscheint.[16]

Für solche Kinder kann es schwierig sein, nicht scheitern zu dürfen. Zwar spricht alle Welt nur von Kindern aus benachteiligten Familien und ihren schwierigen Bedingungen, weil sie in der Regel wenig familiäre Unterstützung erhalten. Unberücksichtigt bleibt dabei die Situation mancher Kinder aus bildungsambitionierten Milieus, die sich mit hohen Leistungsanforderungen konfrontiert sehen. Beide Situationen sind für Kinder schwierig. Ein Arbeiterkind, das scheitert, kann sich auf seine soziale Benachteiligung berufen, ein Akademikerkind hat viel zu verlieren. Denselben Weg wie die Eltern beschreiten zu müssen, kann eine belastende Hypothek werden. Auch wenn sich ein solches Kind von seinen Eltern distanzieren möchte, kann es dies nicht so tun wie etwa ein Kind von Handwerkern, welches durch intensives Lernen und höhere Abschlüsse eine erfolgreichere Bildungslaufbahn erreichen kann. Akademikerkinder können »nur« das Gleiche wie ihre Eltern erreichen.

Einen Bauernhof kann man den Kindern vererben, eine akademische Laufbahn nicht. Dass bildungsbeflissene Eltern deshalb nichts unversucht lassen, damit ihr Kind mindestens so erfolgreich wird wie sie selbst, ist nachvollziehbar. Trotzdem haben Kinder aus dem akademischen Milieu eine relativ große Abstiegswahrscheinlichkeit, obwohl alle Milieus von der Akademisierungswelle betroffen sind. Folgt man Martin Schmeiser und seinem Buch zu »missratenen Söhnen und Töchtern«, können etwa 60 Prozent den Status halten, aber 40 Prozent möglicherweise nicht. Deshalb gilt: Je höher der Status, desto höher sind die Bildungsambitionen. Dies trifft auch dann zu, wenn Väter und Mütter sagen, es sei ihnen gleich, was aus ihrem Kind einmal wird. Zumindest unter vorgehaltener Hand erwarten etwa 75 Prozent ein Abitur, auch wenn sie anderes beteuern. Wenig erstaunlich ist somit, dass Eltern spätestens im zarten Alter von zehn oder elf Jahren ihren Erwartungshorizont festlegen und ihn dann kaum mehr ändern.[17]

Hochleistung zwischen gesundem oder ungesundem Perfektionismus

Sehr hohe und nicht an die Fähigkeiten des Kindes gebundene Erwartungen gelten nicht nur als perfektionistisch, sondern auch als problematisch, weil sie ins Ungesunde oder Dysfunktionale abgleiten können. Folgt man Christine Altstötter-Gleich, ist es schwierig zu verorten, wo der Übergang vom gesunden zum ungesunden Perfektionismus ist. Ein entscheidender Punkt dürften leistungsorientierte Vollkommenheitsvorstellungen der Eltern sein, welche die kindliche Angst vor Fehlern und Versagen provozieren und ausgeprägte Selbstzweifel zur Folge haben können. Dies sind auch klassische Merkmale von Kindern, die Überleister sind. Fühlen sie sich in einer Situation andauernder Anstrengung und Bewährung, dann ist der Weg zum ungesunden Perfektionismus nicht weit.

Laut Christine Altstötter-Gleich wird die Grundlage für den Perfektionismus im Elternhaus gelegt. Überfürsorglich veranlagte Eltern mit Workaholic-Tendenzen sind deshalb besonders gefährdet, für ihre Kinder ungesunde Modelle perfektionistischen Strebens zu sein. Dass man früh im Leben gelernt hat, Leistung als wichtig zu erachten, ist natürlich alles andere als negativ und hat wenig mit Überleistung zu tun. Doch es kommt darauf an, wie Eltern mit ihrem Perfektionismusstreben umgehen und wie sie Fehler ihrer Kinder oder nicht erfüllte Hoffnungen sanktionieren. Schimpfen sie, strafen sie, agieren sie mit Liebesentzug oder werden Fehler auch verziehen? Kinder, die trotz Fehlern weiterhin emotionale Zuwendung bekommen, sind weniger anfällig für ungünstige Perfektionimussymptome.

Ein Beispiel sind Maria und ihre Tochter Elsa. Maria wird unvorbereitet von der Speedy-Mentalität überrollt. Eigentlich passt sie nicht so recht in die Welt des Kinderballetts, weil sie die Anmeldefrist dafür versäumt hat. Vielleicht hat sie sich nicht informiert, wie man aus einem normal interessierten Kind ein hochleistungsfähiges Kind macht. Aber Maria ist selbstbewusst genug, sich diesem Optimierungstrend nicht zu beugen.

»UNSERE TOCHTER ELSA SOLL ZU ALT FÜRS BALLETT SEIN«

Maria möchte eine perfekte Mutter sein und ihre Tochter so fördern wie andere Mütter auch. Deshalb meldet sie ihre achtjährige Elsa in einer bekannten Ballettschule an und bekommt die Antwort, dass Elsa in die Anfängerklasse eingeteilt würde. Maria ist begeistert und sicher, dass es Elsa gefallen wird. »Nur dass Sie dann nicht überrascht sind: In der Klasse Ihrer Tochter sind alles Vier- und Fünfjährige«, sagt die Dame an der Rezeption. Maria meint, etwas falsch verstanden zu haben und fragt nach, ob es denn keine Anfängerklasse für Achtjährige gäbe. Die Rezeptionistin, sichtlich genervt, antwortet in vorwurfsvollem Ton: »Heutzutage muss man früh beginnen, wenn man es zu etwas bringen will. Deshalb starten die meisten Mütter mit ihren vierjährigen Kindern. Haben Sie das nicht gewusst? Ihre Tochter ist schon etwas alt.« Maria ist sprachlos. Ihre Tochter will ja nur spielerisch Ballett tanzen lernen – warum nur ist sie plötzlich viel zu spät dran? Zusammen mit Elsa entscheidet sie, dass sie eine Tanzschule aussuchen wollen, welche dem spielerischen Element Rechnung trägt.

Maria erkennt rechtzeitig, dass diese Ballettschule den Wert und das Vermögen kleiner Kinder an Alter und erwartete Kompetenz bindet. Das will Maria nicht, vielleicht auch deshalb, weil sie intuitiv spürt, dass Elsa vor allem Zuneigung, Geborgenheit und Anerkennung braucht und Spitzenleistungen sekundär sind.[18]

Kinder, welche keine uneigennützige Zuneigung bekommen – entweder, weil ihre Leistungen nicht genügen oder weil sie zu viele Fehler machen – geraten in einen Teufelskreis. Möglicherweise strengen sie sich noch mehr an, um die erhoffte Aufmerksamkeit zu bekommen und entwickeln so einen ungesunden Perfektionismus. Oder sie werden von Gefühlen der Hilflosigkeit übermannt, die zum entgegengesetzten Pol der Überleistung führen: in die Minderleistung *(Underachievement)*.[19]

Kapitel 3
Überforderte Kinder im Gymnasium?

Geht es um die berufliche Zukunft von Kindern und Jugendlichen, trifft man immer wieder auf das Gerede über die Akademikerschwemme. Dieser Begriff ist ärgerlich, weil er Berufsbildung und Gymnasium gegeneinander ausspielt. Es muss nicht jeder und jede studieren, heißt es, manche leistungsstarke junge Menschen seien in einer beruflichen Ausbildung besser aufgehoben als im Gymnasium. Dies dürfte in der Tat zutreffen, doch in diesem Kapitel geht es nicht um die Berufsbildung, sondern um die Frage, warum das Gymnasium ein Statussymbol geworden ist und was dies mit überleistenden Kindern zu tun hat.

Zunächst steht die Frage im Raum, warum das Gymnasium zu einem Hype geworden ist und was dies mit unserer Hochleistungsgesellschaft zu tun hat. Daran schließen Forschungsstudien an, deren Ergebnisse vermuten lassen, dass ein nicht kleiner Teil der Gymnasiastinnen und Gymnasiasten möglicherweise kaum über die notwendigen intellektuellen Fähigkeiten für den Besuch eines Gymnasiums verfügt. Von der Expertiseforschung werden solche Ergebnisse allerdings zugunsten von überfachlichen Kompetenzen relativiert. Trotzdem lassen Erkenntnisse aus der Diagnostik vermuten, dass Hochbegabung nicht selten mit Überleistung verwechselt wird. Deshalb stellt sich eine wesentliche Frage: Wer gehört eigentlich ins Gymnasium und wer nicht?

Der Hype ums Gymnasium und die »Machiavelli-Strategie«

Erfolg ist relativ leicht zu definieren: über Titel und Beruf, das Gehalt und den damit verbundenen Status. Ein Kind zu haben, das dabei hohe Standards erreicht, ist ein Ziel mancher Elternhäuser. Darum beinhaltet ihre Strategie, eine gute Note nach der anderen anzupeilen, eine Aktivität nach der anderen, eine Anerkennung nach der anderen – mit dem Ziel, Gymnasium und Abitur zu schaffen und damit den Zugang zur Universität sowie den Abschluss eines Studiums zu erreichen.

Eine solche »Kindheit plus« ist nicht bloß eine Vorbereitung auf das Erwachsenenleben, sondern für sich allein genommen schon eine umfassende Leistung. Eltern fühlen sich verpflichtet, als Produzenten zu handeln und die Kinder auf die Bühne zu stoßen. Geht es nach Jean-Baptiste Hennequin, ist Elternschaft zu einer Brutstätte für die »Machiavelli-Strategie« geworden, die besagt, dass Väter und Mütter vor allem die eigenen Ziele und Vorstellungen durchsetzen wollen.[20] Das sei es, worauf es ankomme. Das einmal als richtig Erkannte – und damit bezieht sich Hennequin auf Machiavelli – müsse konsequent umgesetzt werden, auch wenn Mittel und Ziel vielleicht nicht die passenden seien.

Die Machiavelli-Strategie hat zur Folge, dass Kinder kaum Zeit haben, durchzuatmen, Pause zu machen, darüber nachzudenken, was sie in Zukunft tun möchten und warum. Für sie gibt es nur selten Zeitabschnitte, die für das Suchen nach der eigenen Identität oder für die Selbstentwicklung reserviert sind. Eher werden Probleme umgehend von den Eltern gelöst und zwar so, dass Misserfolg oder Scheitern gar keine Option mehr sein können. Die junge Generation ist die bisher am meisten geschliffene und überwachte Generation in der Menschheitsgeschichte. Geht es ums Aussehen, sind junge Menschen peerorientiert, geht es um das *comme il faut* in Schul- und Lebensbewältigung, sind sie elternorientiert. Gegenüber Autoritäten sind sie meist leistungswillig – viele finden sogar den Besuch des Lernstudios oder der Nachhilfe als bereichernd.

Überleister am Gymnasium? Ein statistischer Nachweis

Elsbeth Stern kommt in ihren Forschungsstudien zum Schluss, dass etwa jeder dritte Platz am Gymnasium von »falschen« Jugendlichen besetzt sei:

> »Das Problem ist einfach, dass es – was die Intelligenz angeht – nicht die besten 20 Prozent sind. Mindestens ein Drittel, und das ist wirklich konservativ geschätzt, der Gymnasiasten gehören eigentlich nicht dorthin.«[21]

Ähnliche Ergebnisse liefert die Längsschnittstudie der Zürcher Bildungsdirektion.[22] Man könnte solche jungen Menschen auch als Überleister bezeichnen, die bessere Schulleistungen erbringen als dies aufgrund ihres kognitiven Profils (IQ) erwartbar wäre.

In Abbildung 3 sind die Befunde von Sterns Untersuchung dargestellt. Eingetragen sind die Normalverteilung der Intelligenz (gestrichelte Linie) sowie die IQ-Werte der getesteten Schülerinnen und Schüler (schwarze Linie). Schattiert ist, wo die Werte der Getesteten ungefähr angesiedelt sein sollten, wenn sie den fürs Gymnasium erforderlichen Minimal-IQ von 113 mitbrächten. Deutlich wird, dass die empirisch eruierte Verteilung anders aussieht als die theoretischen Vorannahmen, wonach im Gymnasium die intelligentesten Schülerinnen und Schüler seien.

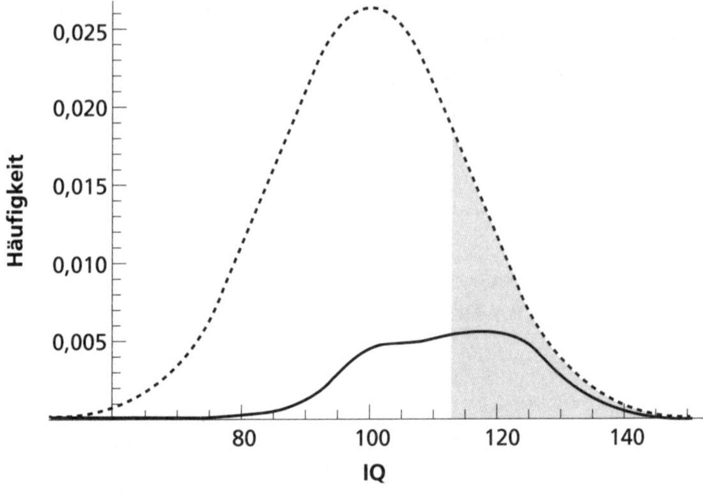

Abbildung 3: Normalverteilung des IQ und seine ermittelte Verteilung bei Schweizer Gymnasiastinnen und Gymnasiasten (nach Stern & Hofer, 2014, S. 48)

Solche Aussagen haben viel Aufsehen erregt und die Frage nach sich gezogen, wer denn die »richtigen« Jugendlichen seien, die das Gymnasium besuchen sollen. Vor dem Hintergrund der Expertiseforschung stellt sich allerdings eher die Frage, ob ein überdurchschnittlicher Intelligenzquotient tatsächlich notwendig ist für den erfolgreichen Besuch des Gymnasiums. Oder sind vielleicht gar nicht primär hohe intellektuelle Fähigkeiten die Grundlage guter Leistungen, sondern eher Motivation sowie überfachliche Kompetenzen – Anstrengungsbereitschaft, Ausdauer und Konzentration – inklusive die Bereitschaft zum Üben?[23] Zumindest geht die Expertiseforschung davon aus, dass es zwar einen Zusammenhang zwischen Intelligenz und Noten gibt, allerdings bei durchschnittlichen intellektuellen Fähigkeiten genug Leistungsspielraum nach oben vorhanden ist. Gemäß dem Schwellenwertmodell von Wolfgang Schneider[24] legen die überfachlichen Kompetenzen das Ausmaß von Hochleistung fest, wenn die Intelligenz nahe beim

Durchschnitt ist. Doch die Erkenntnisse von Elsbeth Stern und Sarah Hofer unterstützen dieses Schwellenwertmodell kaum.

Aus welchen Milieus kommen solche Überleisterkinder? Folgt man Stern, handelt es sich vor allem um Kinder aus der bildungsambitionierten Mittelschicht. Diese Erkenntnis wird durch die bekannten empirischen Tatsachen gestützt, dass in solchen Familien oft eine familieninterne und -externe Unterstützung bei der Aneignung des Lernstoffs etabliert ist. Dazu kommt der zunehmende Trend von Eltern, Beschwerden wegen vermeintlich zu schlechter Benotung einzureichen. Dies verleitet manche Lehrkräfte dazu, bessere Noten zu vergeben als geplant, weil dadurch ein Mehraufwand durch Stellungnahmen zu diesen Beschwerden vermieden werden kann.[25]

Jenseits der Expertiseforschung verweist auch die psychologische Persönlichkeitsforschung auf die Bedeutung überfachlicher Kompetenzen. Angela Duckworth betont beispielsweise den »grit« und meint damit Biss oder Mumm, Leidenschaft und Ausdauer.[26] Zusammengefasst sind es solche Kompetenzen, welche ein Weniger an Intelligenz kompensieren und eine Schullaufbahn nicht nur erfolgreich, sondern für das Individuum auch befriedigend werden lassen können. Doch solche überfachlichen Kompetenzen fehlen nicht wenigen Überleistern.

Die Verwechslung von Hochbegabung und Überleistung

Das Beispiel von Markus im vorangehenden Kapitel hat deutlich gemacht, dass hochbegabte Kinder oft anders ticken als durchschnittlich begabte Kinder. Definiert als mit einem Intelligenzquotienten ausgestattet, der mindestens zwei Standardabweichungen über der

Norm liegt, können hochbegabte Kinder Wissen nicht nur schnell erwerben, sondern meist auch divergent und komplex denken. Dass viele von ihnen leidenschaftlich an dem arbeiten, was sie interessiert, basiert meist auf dem intrinsischen Wunsch, genau das zu lernen, was für sie bedeutungsvoll ist. Doch genauso gibt es hochbegabte Kinder mit glanzlosen oder erwartungswidrig schlechten Leistungen. Ihre Noten liegen weit unter ihrem Potenzial, weshalb sie als Minderleister gelten.[27]

Ein Problem besteht darin, dass überleistende Kinder oft fälschlicherweise als überdurchschnittlich intelligent eingeschätzt, hochbegabte Minderleister jedoch häufig nicht erkannt werden. In Tabelle 1 sind diagnostische Fehlentscheidungen dargestellt, die als α- und β-Fehler bezeichnet werden. Liegt ein α-Fehler vor, dann wird die kindliche Intelligenz unterschätzt. Obwohl hochbegabt, wird das Kind als durchschnittlich intelligent eingestuft. Unterläuft bei der Diagnose ein β-Fehler, so ist die Intelligenz eines Kindes fälschlicherweise als überdurchschnittlich eingeschätzt worden. Es wird als hochbegabt identifiziert, obwohl es aufgrund seines Überleisterverhaltens lediglich erwartungswidrig gute Noten hat. Solche Diagnose-Fehler sind Gegenstand der Ausbildung von Psychologinnen und Psychologen, weil diagnostische Entscheidungen einen wichtigen Einfluss auf die kindliche Entwicklung haben.

		Testergebnis	
		Normalbegabung (IQ ≤ 130)	**Hochbegabung (IQ > 130)**
Das Kind ist tatsächlich	**hochbegabt**	α-Fehler (Fehler 1. Art) Falsche Diagnose als Nicht-Hochbegabung mit ausbleibender Förderung	Korrekte Identifikation und Förderung entsprechender Begabungen
	nicht hochbegabt	Korrekte Diagnose als nicht hochbegabt mit keiner speziellen Förderung Überleistung richtig erkannt	β-Fehler (Fehler 2. Art) Falsche Diagnose als Hochbegabung mit möglicherweise überfordernder Förderung Überleistung nicht erkannt

Tabelle 1: Probleme bei der Identifikation von Hochbegabung

Wer gehört ins Gymnasium und wer nicht?

Vordergründig ist es klar, wer ins Gymnasium gehört: Kinder mit guten bis sehr guten Schulnoten. Auf den ersten Blick scheint diese Aussage empirisch legitimierbar. Kinder aus gut situierten Familien bekommen allerdings bei gleicher Leistung und hohen Elternerwartungen bessere Noten als gleich begabte Kinder mit vergleichbaren Leistungen aus sozial einfach gestellten Familien. Diese Analysen von Daniel Hofstetter[28] machen deutlich, dass die soziale Herkunft jenseits der kognitiven Voraussetzungen für den Übertritt ins Gymnasium wichtiger ist als die Leistung an sich. Bei einer Gymnasialempfehlung vermischt sich die Leistung (Noten im Grundschulzeugnis) mit einer Art Sozialprognose der Lehrkräfte. Dabei sind es vor allem die Interaktion zwischen Eltern und Lehrkräften und die damit verbundenen Machtkonstellationen, welche unterschiedliche Folgen auf den Übertritt ins Gymnasium haben. Daniel Hofstetter unterscheidet drei Gruppen, die solche Zusammenhänge sichtbar machen. Seine Ergebnisse sind brisant, weil sie die Annahme zulassen, dass die Intelligenz kaum der primäre Knackpunkt bei der Frage ist, wer ins Gymnasium gehört und wer nicht.

- **Eltern und Lehrkräfte auf Augenhöhe:** In dieser Konstellation werden Übertrittsempfehlungen in gegenseitiger Sympathie diskutiert. Es besteht eine Bereitschaft der Lehrkräfte, ihre eigenen Eindrücke infrage zu stellen und den Vorstellungen der Eltern entgegenzukommen.
- **Überlegenheit der Eltern gegenüber den Lehrkräften:** Verfügen Eltern sowohl über eine höhere Ausbildung als auch über eine bessere berufliche Position als Lehrkräfte, überdenken diese ihr Urteil mehrfach. Der Hauptgrund ist die Befürchtung, ihre Entscheidung möglicherweise vor den Eltern legitimieren zu müssen. In solchen Situationen lenken Eltern das Gespräch, bis die schulische Deutung des Kindes ihren Erwartungen entspricht.
- **Überlegenheit der Lehrkräfte gegenüber den Eltern:** In dieser Konstellation wünschen sich Eltern aus einfachen Verhältnissen zwar eine höhere Zuteilung ihres Kindes, doch folgen sie der Argumentation der Lehrperson. Sie sind überzeugt, dass Lehrerinnen und Lehrer aufgrund ih-

rer Professionalität das Kind besser einschätzen können als sie selbst.

Was spricht auf dieser ernüchternden Basis und mit Blick auf bildungsambitionierte Familien gegen und was für das Gymnasium? Eher dagegen spricht, wenn das Kind extrinsisch unterstützt werden muss, weil

- den Eltern das Gymnasium im Hinblick auf ihren eigenen Status in der Gesellschaft wichtig ist und sie ihr Kind deshalb motivieren müssen;
- es eigentlich andere Vorlieben hätte wie handwerkliches oder künstlerisches Interesse und möglicherweise eine gewisse Schulmüdigkeit zeigt;
- es nur so bei der Stange gehalten werden kann, damit ihm nicht alles zu viel wird.

Für einen Übertritt ins Gymnasium sprechen vor allem zwei Aspekte. Wenn Eltern

- dem Kind erlauben, seine Interessenschwerpunkte selbst zu bestimmen, es akademische Neigungen zeigt und in der Lage ist, seine Schul- und Freizeitaktivitäten in gewissem Ausmaß selbst zu managen;
- die Eigenmotivation des Kindes hoch gewichten, es in der Lage ist, selbstbestimmt zu lernen und keine permanente familienexterne Unterstützung notwendig braucht.

Kapitel 4
Optimierte Kinder im Leistungssport

Die Fünfjährige als Tennistalent, der Achtjährige mit dem Ziel, Profifußballer zu werden. Der Leistungssport beginnt immer früher. Woher kommt das? Warum müssen Kinder nicht nur in der Schule gute Noten haben, sondern auch in mindestens einer Sportart brillieren? Weshalb ist der Wunsch so groß, aus einem durchschnittlichen Kind ein außergewöhnliches Kind zu machen? Dabei sind es beileibe nicht nur die Eltern, sondern Clubs, Vereine und Förderangebote, welche die Rekrutierung des Nachwuchses handhaben und propagieren. *Scouting* nennt man das.

Der Leistungssport ist das Paradebeispiel für die Devise »Immer früher, immer schneller, immer besser«. Dahinter steckt wohl die Überzeugung, dass Kinder alles erreichen können, wenn sie früh genug starten und von ihren Eltern unterstützt werden. Dass dies so kaum zutrifft, wissen wir alle. Darum ist der Druck gerade für diejenigen Kinder groß, die nicht besonders talentiert sind, aber enorm viel Zeit und Energie für das Training aufwenden müssen.

Dieses Kapitel wirft einen Blick auf die Frage, wie und weshalb unsere Gesellschaft dem Trend zum frühen und exzessiven Leistungssport folgt. Dabei geht es keinesfalls darum, den Leistungssport zu diffamieren und ihn als entwicklungshinderlich zu bezeichnen. Im Mittelpunkt steht vielmehr die Frage nach Ursachen und Folgen dieser sportlichen Leistungsfixierung, die aus nicht wenigen Kindern Überleister macht.

Das frühe Treibhaus des Leistungssports

Auch im Leistungssport gleicht die frühe Förderung immer mehr einem Treibhaus. Das Bild des Kindes, das sich in seinem eigenen Tempo entwickelt, ist durch den Hype um Talente ersetzt worden. Dies hat zur Überzeugung geführt, dass Eltern selbst schuld sind, wenn sie aus ihrem Nachwuchs nicht möglichst früh ein Talent machen. Auch Vereine sprechen oft ganz selbstverständlich von Kindern als Talenten. Dies weckt große Illusionen bei Eltern und fördert ihre Überzeugung, der Sprössling sei etwas ganz Besonderes.

Einen solchen Fokus auf Erfolg verantworten in erster Linie Clubs, Vereine und Förderinstitutionen. Manche haben kaum mehr das Ziel, die motiviertesten Kinder zu finden, sondern diejenigen, welche die besten Perspektiven haben. Kein Talent darf durchs Raster fallen, das ist eine verbreitete Perspektive. Besonders krass zeigt sich dies im Fußball, dem Einstiegssport Nummer eins. Die Nachfrage ist in den letzten Jahren größer geworden als die Infrastrukturen und die personellen Ressourcen der Vereine. Deshalb haben viele Clubs Wartelisten.

Vor diesem Hintergrund versteht es sich von selbst, dass Eltern alle möglichen Ressourcen nutzen möchten, um das Potenzial ihres Kindes auszureizen und ihm eine Erfolgsgeschichte zu ermöglichen. Doch diese Formel wird oft überspannt. Weil viele Vereine nicht ehrlich sind und die Talentförderung als *die* Strategie zum Erfolg bezeichnen, können sich Eltern kaum bewusst werden, dass frühe Hinweise auf ein Talent noch keine Vorhersage der Leistungen im Teenageralter erlauben. Ein früher Start garantiert keinen Wettbewerbsvorsprung. Zwar wissen dies die Verantwortlichen der Vereine und Institutionen. Doch sind sie genauso auf Eltern angewiesen, welche die Ambitionen des Sprösslings unterstützen oder sogar provozieren. Trainer und Trainerinnen müssen vor allem dafür sorgen, dass Siege eingefahren und wirkliche Talente sichtbar werden.

Doch seien wir ehrlich: Welche Mütter und Väter handeln selbstlos, wenn sie ihrem Kind den Einstieg in den Spitzensport ermöglichen? Würden sie keinen Gewinn daraus ziehen, wäre die Episode wahrscheinlich schnell zu Ende, denn finanzielle, psychische und zeitliche Investitionen brauchen in der Regel Erfolge. Und bei einer Verletzung sucht man Schlupflöcher, wie das nachfolgende Beispiel von Vincent zeigt.

> **»DARF UNSER SOHN NICHT TROTZ SEINER MUSKELZERRUNG SPIELEN?«**
>
> Vater und Mutter kommen in die Praxis eines Sportarztes mit ihrem elfjährigen Vincent, der über einen schmerzenden Fuß klagt. Nach sorgfältiger Untersuchung stellt der Arzt eine Muskelzerrung fest und identifiziert dies als Folge einer Fehl- und Überbelastung im Fußball. Er berät Eltern und Sohn, dass der gezerrte Körperteil nicht zu schnell wieder belastet werden darf, weil dies sonst zu einem Muskelfaserriss führen könnte. Deshalb legt er den Eltern nahe, den Sohn für eine bestimmte Zeit nicht Fußball spielen zu lassen.
>
> Nach wenigen Tagen bekommt der Arzt einen Anruf der Mutter, ob der Junge nicht wenigstens kurz spielen dürfe, denn es handle sich um ein wichtiges Spiel, und die Familie hätte so viel in seine Laufbahn investiert. Auch der Trainer begrüße übrigens, wenn ihr Sohn spielen würde.

Dieses Beispiel verweist auf die Bemühungen der Eltern, damit ihr Sohn nicht auf die Ersatzbank muss. Gleichzeitig schimmert ihre Enttäuschung durch, weil ihr eigenes Engagement offenbar beträchtlich ist. Vielleicht gehören sie zu den sogenannten »Trainings-Eltern«. Gleichzeitig bleiben die Position des Trainers und seine möglichen Druckversuche auf Eltern und Kind im Dunkeln.

»Trainings-Eltern« und die Karriere des Kindes

Werden sportlich begabte Kinder angemessen gefördert, begleitet und unterstützt, entwickeln sie sich oft sehr gut, haben in der Schule kaum Probleme und sind organisierter, durchsetzungsfähiger und frustrationstoleranter als andere Kinder.[29] Doch wie das Beispiel von Vincent verdeutlicht, können Elternehrgeiz und Trainerdruck zu einem Problem werden. Nicht wenige Kinder brechen ob der hohen Erwartungen gar zusammen. Manchmal werden sie zur Sportpsychologin geschickt, trotzdem ändert sich wenig, vor allem dann, wenn sie weiterhin so beeinflusst werden, dass sie auf einem sehr hohen Niveau Leistungen erbringen und so ihrem Ruf als Talente gerecht werden.

Der Ehrgeiz aus dem näheren Umfeld ist das Zünglein an der Waage. In der Forschung spricht man auch von »Trainings-Eltern«. Sie sind überzeugt, ihr Kind sei besonders talentiert, weshalb sie es als willkommenes Schicksal betrachten, die eigene Energie sowie einen nicht kleinen Teil der Freizeit und des Familienbudgets in ihre sportlichen Engagements zu stecken. Frühes intensives Training und Üben oder Wettbewerbs- und Wettkampferfahrungen der Kinder machen solchen Trainings-Eltern keine Angst, im Gegenteil. Oft sind sie der Ansicht, dass sich dies positiv auf die kindliche Durchsetzungs- und Abhärtungsfähigkeit auswirkt. Der Fokus auf eine mögliche Karriere des Kindes ist ausgeprägt, und sie zeigen auch kaum Angst, dass es physische oder psychische Schäden aus solchen Herausforderungen davontragen könnte. Darauf verweist auch das Beispiel von Helena.

> »WIE KONNTEST DU NUR DIE BEIDEN TORCHANCEN NICHT VERWERTEN?«
> Die dreizehnjährige Helena ist eine begeisterte Handballspielerin. Sie freut sich auf ein Spiel, bei dem die Eltern auch dabei sein werden. Zunächst läuft es sehr gut für sie, denn sie schießt ein Tor und ist bei zwei Toren die Spielmacherin. Sie erzählt, wie sie nach dem Spiel zu ihren Eltern gestürmt ist und sie gefragt hat: »Wie war ich?« Der Vater habe vor allem kritisiert, dass sie zwei weitere Torchancen nicht verwertet habe und noch mehr Tore hätte schießen können.
> Helena sagt in unserem Gespräch, dass ihr das sehr wehgetan habe und sie deshalb gegangen sei. Die Mutter habe dann fast eine Woche lang nur das Nötigste mit ihr gesprochen. Helena hat sich lange nicht von diesem Ereignis erholen können.

Helenas Vater macht einen Fehler, weil er seine Tochter durch Kritik motivieren will, die Mutter, weil sie Helena mit Liebesentzug bestraft. Das Beispiel lässt aber auch darauf schließen, dass Helena viel dafür tut, um die Zuneigung der Eltern zu gewinnen. Wahrscheinlich wird sie sich künftig noch mehr anstrengen, um Eindruck bei ihnen zu machen. Helena steht damit stellvertretend für die wissenschaftliche Erkenntnis, dass es geschlechtsspezifische Unterschiede gibt. Mehr Mädchen als Jungen fühlen sich durch solche Rückmeldungen darin bestätigt, nicht gut genug und zu wenig liebenswert zu sein.[30] Oft entwickeln Mädchen unangemessene Eigenwahrnehmungen, die jedoch meist auf negativen Einzelsequenzen basieren – wie die beiden verpassten Torchancen von Helena.

Die Deselektion als Black Box

Über eine dunkle Seite des Leistungssports wird wenig gesprochen: Was geschieht eigentlich mit den Kindern, die den Erwartungen nicht genügen? Der Sport ist heute wie eine Pyramide organisiert, die jedoch alles andere als natürlich ist. Sein Ziel sollten eigentlich Begeisterung und Beteiligung sein. Tatsächlich sind am unteren Ende dieser Pyramide all die wundervollen Kinder, welche sich mit großer Freude dem Sport widmen. Aber wenn sie die Pyramide hochklettern, gelangt lediglich ein kleiner Teil von ihnen an die Spitze. Wird der Wettbewerb härter, sind nur noch sehr wenige gut genug für die erste Mannschaft. Das Ganze wird zu einem immer engeren Nadelöhr.

»Deselektion« nennt man dies in der Sportwissenschaft, also die Rückversetzung vom hoffnungsvollen Talent in die zweite oder dritte Reihe.[31] Für solche Kinder hört sich das Wort Deselektion nicht nur brutal an, sie ist es auch. Im Fußball beginnt eine solche Rückversetzung meist damit, dass die besseren Jungen oder Mädchen auf ein Turnier vorbereitet werden und deshalb spielen dürfen, die schlechteren jedoch auf der Bank sitzen bleiben müssen. Obwohl sie vielleicht jahrelang mehr trainiert haben, als es ihren Fähigkeiten entsprach, verschwinden sie in der Versenkung und müssen damit klarkommen – um sie kümmert sich kaum jemand. Für die Eltern ist es oft eine herbe Enttäuschung, wenn der Traum vom Spitzenfußballer platzt. Der Sportwissenschaftler Arne Güllich formuliert dies so:

»Talentprogramme probieren viele Kinder aus, entlassen die meisten bald wieder und probieren neue Kinder aus. Die Beanspruchung im Sport nimmt den Kindern aber Zeit für Schule, Freunde, Familie, übrigens auch Schlaf. Die Kosten der Talentförderung tragen also die Kinder mit ihrem Körper und ihrer Zeit.«[32]

Leistungssport hat seine guten Seiten, aber es kommt auf das *Wie* und das *Ob* an: wie Kinder begleitet, unterstützt und herausgefordert werden, ob auf ihre tatsächlichen Interessen und Begabungen sowie auf Seele und Körper Rücksicht genommen wird. Und vor allem, ob Trainerinnen und Trainer respektive Eltern einen Plan B in der Schublade haben. Also eine Berufslehre bis zur Lehrabschlussprüfung durchziehen oder das Abitur machen und ein Studium anhängen. Eigentlich müsste ein Plan B zu einer verpflichtenden Grundbedingung werden, um im Leistungssport überhaupt an die Spitze gelangen zu können. Dann ist es halb so wild, wenn aus dem Kind kein Superstar wird, sondern ein junger Mensch mit guten Berufsaussichten, dem die Freude am Sport nicht abhandengekommen ist.

Wettbewerb trotz kindzentrierter Erziehung: eine Ironie des Schicksals

Viele Sportarten können gar nicht ohne den Faktor Wettbewerb betrieben werden. Trotzdem ist es vor allem in der Pädagogik eine umstrittene Frage, ob und inwiefern Wettbewerb positiv oder negativ ist. Viele Menschen, auch nicht wenige Lehrerinnen und Lehrer, sind überzeugt, dass Wettbewerb Druck erzeugt. Tatsächlich verweisen gewisse Studien auf die negative Beeinflussung der kindlichen Entwicklung durch wettbewerbsorientierte Leistungen. Doch neuere Studien stellen solche Erkenntnisse infrage. Die Effekte von Wettbewerb sind von vielen Faktoren abhängig, beispielsweise, ob jemand intrinsisch motiviert ist und ob der Wettbewerb eher kontrollierend oder freiwillig angelegt ist. Kontrollierend ist ein Wettbewerb dann, wenn es um die Wichtigkeit des Siegens geht und darum, den Gegner zu schlagen.[33]

Die teils problematischen Veränderungen im Sport sind unübersehbar. Mit zunehmendem Alter der Kinder bekommen Sportsettings eine kompetitive und normative Komponente. Der Sieg wird zum alleinigen Ziel und die damit verbundenen Konsequenzen zur Gratwanderung. Aus dem Leistungssport wird zunehmend eine Fehlerfabrik, in der die Schlechten aussortiert oder zumindest in die zweite Reihe verbannt werden und auch manche der Guten frustriert sind, weil sie trotzdem nicht an die Spitze gelangen. Eigenartig ist allerdings, dass diese Wettbewerbsorientierung von manchen Eltern geteilt wird, auch wenn sie einen kindzentrierten und bedürfnisorientierten Erziehungsstil praktizieren. Es ist fast eine Ironie des Schicksals, dass manche Väter und Mütter den Nachwuchs vor den großen Herausforderungen des Lebens beschützen und ihm das Beste garantieren wollen, ihn jedoch in den wettbewerbsorientierten Leistungssport hineinstoßen. Sie sind zwar besorgt, dass ihr Kind zu sehr gestresst wird, doch gleichzeitig wollen sie nicht, dass sein sportlicher Enthusiasmus abnimmt. Solche Überzeugungen sind wenig kongruent – und dies spüren Kinder intuitiv.

Eltern sind sich oft kaum bewusst, wie sehr sie mit ihrer Kommunikation die kindliche Begeisterung beeinflussen. Ist ihr Feedback angemessen, können sich Kinder eigenmotiviert entwickeln, auch wenn sie verlieren. Anklagende Rückmeldungen schüren Gefühle von Inkompetenz und untergraben die intrinsische Motivation. Dies trifft vor allem dann zu, wenn der Blick auf das Produkt (gewinnen) anstatt auf den Prozess (spielen, sich bewegen) gelegt wird. Darum ist es wenig erstaunlich, dass der Druck zu gewinnen auf die Persönlichkeitsentwicklung massive Auswirkungen haben kann. Solche Kinder fühlen sich zunehmend niedergeschlagen oder sogar minderwertig, sodass ihre Motivation nachlassen oder sogar dazu führen kann, sich von der Sportart abzuwenden.

Intrinsisch motivierte Kinder sind zwar ebenfalls traurig, wenn sie ein Spiel verloren haben, aber sie suchen die Fehler nicht ausschließlich bei sich. Nach einer Niederlage bleiben sie eher am Ball und versuchen es erneut. Sie brauchen die Unterstützung von Trainerinnen und Trainern genauso wie von den Eltern, um durchzuhalten und Tiefs zu bewältigen. Auch brechen sie seltener die Sportart ab. Romina ist ein Beispiel dafür. Die Eltern setzen ihre Tochter nicht unter Druck, sondern schenken ihr Vertrauen und geben ihr Zeit.

»ES IST DEINE ENTSCHEIDUNG, ZUM FUSSBALL ZU WECHSELN«

Die elfjährige Romina nimmt Ballettunterricht seit sie vier Jahre alt ist. Eines Abends verkündet sie den Eltern, sie würde mit Ballett aufhören und mit Mädchenfußball beginnen. Alle ihre Freundinnen wären dort dabei, und sie wolle nicht immer eine Außenseiterin sein.

Rominas Eltern sind nicht einverstanden und nennen ihr ein paar Einwände: Erstens sei Romina nicht gut in Teamsportarten. Und sie würde doch die Auftritte mit der Ballettklasse so lieben. Zweitens hätten sie als Eltern viel Zeit, Energie und Finanzen ins Ballett investiert – Romina gilt inzwischen als sehr begabte Tänzerin.

Rominas Mutter wägt ab, ob sie ihre Tochter unter Druck setzen oder in ihrer Entscheidung unterstützen soll. Mutter und Tochter sprechen über die möglichen Konsequenzen. Doch die Mutter betont immer wieder, dass es Rominas Entscheidung sei. Der Vater hält sich zurück. Schließlich beginnt Romina mit dem Fußball. Sie macht schnell Fortschritte, erlebt aber auch einige Enttäuschungen. Ihre Eltern unterstützen sie bei den Spielen, und Romina entwickelt einen bemerkenswerten Durchhaltewillen.

Etwa ein halbes Jahr später eröffnet Romina den erstaunten Eltern, dass sie wieder zum Ballett zurückkehren will. Ihre Eltern schweigen und behalten für sich, was sie eigentlich aussprechen möchten: »Das haben wir immer gespürt.«

II
TYPEN VON ÜBERLEISTERN UND IHRE MERKMALE

Den typischen Überleister, die typische Überleisterin gibt es nicht. Es bestehen feine Unterschiede zwischen Einstellungen, Haltungen, Lebensmustern und Positionen der Familien, die Kinder unterschiedlich beeinflussen. Trotzdem gibt es ein paar Gemeinsamkeiten in den Persönlichkeitsmerkmalen. Dazu gehören hohe Selbstzweifel und ein geringes Selbstvertrauen.

Kapitel 5
Das Überleister-Kind gibt es nicht

Überleistende Kinder ernten mit ihren sehr guten Leistungen viel Anerkennung, aber gleichzeitig zweifeln sie an ihren Fähigkeiten und vermeiden Misserfolge um jeden Preis. Doch der Erfolg ist vergänglich, weil er vom kontinuierlich zu zeigenden Fleiß abhängig ist. Diesen Zustand müssen solche Kinder aufrechterhalten, ein Nachlassen ist nicht erlaubt.

Dieses Kapitel nimmt die verschiedenen Facetten von Überleistung unter die Lupe. Dabei geht es zunächst um die Frage, inwiefern Überleistung ein typisch weibliches Problem ist und weshalb Mädchen zumindest in der Tendenz anfälliger dafür sein können. Sodann wird am Beispiel des »Fischteicheffekts« diskutiert, warum es für Überleister ungünstig sein kann, wenn sie nicht einfach zur Schule geschickt werden, sondern es die beste Schule sein muss. Und wenn sie nicht lediglich in einem Jugendorchester spielen sollen, sondern als Solistin oder Solist. Sind solche Kinder nämlich in einer leistungsstarken Gruppe, können sie sich möglicherweise noch stärker unter Druck fühlen als in einer Gruppe mit eher durchschnittlichen Schülerinnen und Schülern. Doch nicht alle Überleister empfinden so, das zeigt die Typologie. Die Bandbreite ist groß.

Überleistung und der »Supergirl-Komplex«

Überleistung in Schule und Freizeit ist eine Erfahrung mancher Kinder, die zu selten zur Kenntnis genommen wird. Was ist denn schon falsch, wenn jemand zu den Klassenbesten gehört, besonders fleißig Fußball spielt oder als kleine Primaballerina brilliert?

Selbstverständlich ist Hochleistung an sich kein Problem. Sie wird es dann, wenn das vorhandene Potenzial ausgepresst wird, sehr gute Leistungen zum Zwang werden und dieser Zwang die mentale, psychische und physische Befindlichkeit der Kinder beeinträchtigt.

In der Forschung gelten Überleisterkinder als Gruppe von mehrheitlich vulnerablen Individuen. Mit Vulnerabilität ist in diesem Zusammenhang das Risiko der (Selbst-)Überforderung gemeint. Solche Kinder versuchen oft, durch permanent hohe Anstrengung Misserfolge zu vermeiden, auch dann, wenn sie sich – wie dies im Beispiel von Julie zum Ausdruck kommt – zu wenig entspannen können. Sie bemühen sich, ein gutes Kind zu sein, um Lehrkräfte und Eltern nicht zu enttäuschen. Allein schon das Gefühl, nicht genug getan zu haben, um noch besser zu werden, kann sie unter Druck setzen. Viele Überleister sind überzeugt, klug zu wirken, vereinfache das Leben.

»ICH MUSS DRANBLEIBEN, UM GUT GENUG ZU SEIN«

Die zwölfjährige Julie gibt immer ihr Bestes. Die Eltern sagen, ihre Tochter hätte Mühe, sich zu entspannen. Julie bestätigt dies, gleichzeitig rechtfertigt sie sich, dass sie sich immer gut organisieren müsse, um überhaupt dranbleiben zu können. Manchmal hat sie das Gefühl, alles sei zu viel in zu kurzer Zeit. Sie fühlt sich oft so, als hätte sie nicht genug getan, und was sie getan hat, sei nicht gut genug. Deshalb zweifelt sie immer wieder an ihren Fähigkeiten, doch gleichzeitig will sie Lehrkräfte und Eltern nicht enttäuschen. Das, was sie am meisten vermisst, sind die normalen Dinge: mit Freundinnen zusammenzusitzen und zu plaudern.

Kinder wie Julie betrachten die Schulnoten als Barometer ihrer Persönlichkeit. Gute Leistungen sind für sie eine Art Versicherung, etwas wert zu sein. Gleichzeitig sind sie sich kaum bewusst, dass sie eine verzerrte Wahrnehmung von sich selbst haben. Vielmehr sind sie davon überzeugt, ihre Selbsteinschätzung sei stichhaltig und entspreche der Wahrheit.

Julie scheint kaum eigenmotivierte Freude am Lernen zu haben, sondern dieses eher als harte und stressige Arbeit zu empfinden. Ihr Erfolg ist nicht mit Befriedigung verbunden, sondern mit dem Wunsch, gut zu sein, um von Eltern und Lehrkräften wertgeschätzt zu werden. Schlechte Schulleistungen können deshalb ein Desaster sein. Das Bedürfnis nach Bestätigung sowie die Angst vor Misserfolg sind der Motor für extra Anstrengungen, die zur Verfügung stehende Energie zu mobilisieren.

Steht Julie mit ihren Selbstzweifeln und ihrer Orientierung an Bestleistungen stellvertretend für ein Phänomen, das als typisch weiblich gilt? In der Forschung sind die Meinungen geteilt, doch überwiegt die These, dass die familiäre Sozialisation eine besondere Rolle spielt.[34] Viele Familien vermitteln ihren Kindern Intelligenz und Leistung als sehr hohe normative Werte. Gerade Mädchen, die besonders sensibel auf familiäre Erwartungen reagieren, setzen sich oft unrealistisch hohe Maßstäbe und haben den Anspruch, jede Aufgabe fehlerfrei und in bester Qualität zu erledigen. Ihr »Supergirl-Komplex« erinnert an den ungesunden Perfektionismus, der in den letzten Jahren vor allem bei immer jüngeren Mädchen festgestellt worden ist. In der Kinder- und Jugendpsychiatrie werden neuerdings auffällig viele Gymnasiastinnen behandelt.[35]

Erfolgsdruck im Fischteich

Überleistung entsteht früh, wird aber insbesondere während der Grundschule im Hinblick auf den Übertritt in die Sekundarstufe I, vor allem ins Gymnasium, zum Thema. Um die Chance darauf zu erhöhen, sind manche Eltern darum bemüht, ihr Kind in der Grundschule in einer leistungsstarken Klasse zu platzieren. Sie sind überzeugt, dass es von einer solchen Umgebung ganz besonders profitiert. Allerdings stimmt dies so nicht.

Ein leistungsstarkes Umfeld ist für das emotionale Wohlbefinden von hochleistenden Schulkindern, die ihre Fähigkeiten ausreizen, eher ungünstig.[36] Wegen ihres meist niedrigen Selbstkonzepts – so wie sie sich als Person einschätzen – können sie von einer schwächeren Klasse eher profitieren. Fischteicheffekt heißt dieses Phänomen in der Wissenschaft (*Big-fish-little-pond-Effekt*). Dieser Effekt belegt den großen Einfluss der Leistungsstärke einer Klasse auf die Ausprägung der Selbstkonzepte von Schülerinnen und Schülern. Abbildung 4 verdeutlicht, dass trotz vergleichbarer Leistungen der Kinder A und B das Kind A in der leistungsstärkeren Klasse 1 ein kleinerer Fisch ist (also ein geringeres Selbstkonzept hat) als das Kind B in der leistungsschwächeren Klasse 2.

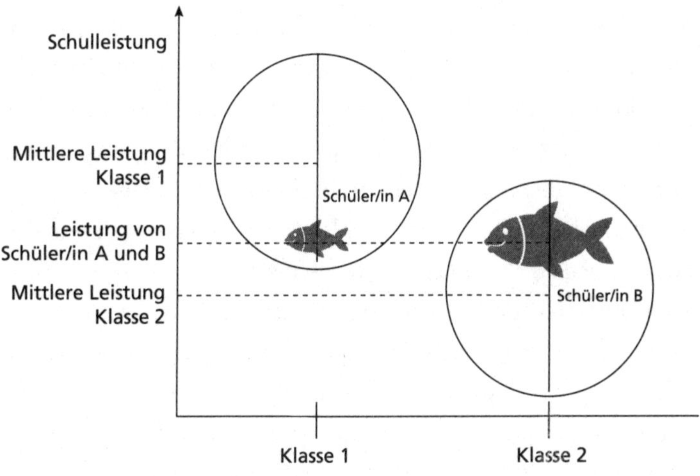

Abbildung 4: Der Fischteicheffekt und seine Bedeutung (nach Köller, 2004, S. 2)

Für Überleister kann es viel Stress bedeuten, eine Schule zu besuchen, in der viele leistungsstarke Kinder sind. In einem solchen Umfeld ist es deutlich schwieriger, gute Noten nach Hause zu bringen. Weil es zudem für Überleister in der Regel zwingend ist, die anderen zu beeindrucken und mit ihnen gleichzuziehen, geraten sie meist unter zusätzlichen Druck.

Überleister sind keine einheitliche Gruppe

Es wäre vermessen, Schülerinnen und Schüler mit erwartungswidrig guten Schulleistungen als einheitliche Gruppe zu bezeichnen. Es bestehen vielmehr feine Unterschiede zwischen Einstellungen, Haltungen, Lebensmustern und Positionen der Familien, die Kinder unterschiedlich beeinflussen. Zwar stellt die Mehrheit der Familien die Bedürfnisse des Kindes in den Mittelpunkt, doch gehen sie mit dem gesellschaftlichen Druck und den eigenen Unsicherheiten unterschiedlich um. Auch die Persönlichkeitsmerkmale der Kinder spielen eine Rolle, ob und inwiefern sich ein Passungsverhältnis zwischen Person, Leistung und Erwartungen einstellen kann. Überleister leben oft in einer Umwelt, in der die Bedingungen zwar optimal und förderlich scheinen, aber es kaum zu einer Passung zwischen den kindlichen Entwicklungsvoraussetzungen und den Erwartungen von Schule und Elternhaus kommt.

Die Unterschiede zwischen überleistenden Kindern werden in unserer Clusteranalyse deutlich. Die Basis der Studie bildeten identische Fragen aus den Stichproben unserer beiden Längsschnittstudien »Frühlesen und Frührechnen als soziale Tatsachen« sowie »Begabung und Leistungsexzellenz in der Berufsbildung«.[37]

Die Clusteranalyse ist ein empirisches Analyseverfahren mit dem Ziel, Datensätze hinsichtlich ihrer Ähnlichkeit in Gruppen (»Cluster«) zu unterteilen. Die einem bestimmten Cluster zugeordneten Personen sollten sich in den ausgewählten Parametern möglichst ähnlich sein und sich möglichst stark von Personen und ihren Parametern unterscheiden, die anderen Clustern zugeteilt wurden.

Als Überleister definierten wir diejenigen Heranwachsenden, welche lediglich durchschnittliche kognitive Fähigkeiten aufwiesen, jedoch sehr gute Schulnoten hatten. In die Clusteranalyse einbezogen wurden die Stabilität der Schullaufbahn (ohne/mit Rückstellungen, Klassenwiederholungen oder Klassenüberspringen), die intrinsische Motivation, die soziale Herkunft (Anzahl der Bildungsjahre des Vaters), die Elternerwartungen an den Schulerfolg (»Bildungsaspirationen«) sowie die Höhe des geplanten Schulabschlusses. In Abbildung 5 sind die vier Gruppen dargestellt, die sich herauskristallisiert haben. Typ 1 weist, gemeinsam mit Typ 4, die stabilsten Schullaufbahnen sowie mit Typ 2 die höchsten elterlichen Erwartungshaltungen auf. Doch in dieser Gruppe fallen die holprigen Schullaufbahnen auf. Ähnliches gilt für Typ 3, allerdings kommt in dieser Gruppe die eher bescheidene soziale Herkunft dazu – bei hoch ausgeprägter intrinsischer Motivation. In besonderem Ausmaß gilt dieses Merkmal für Typ 4.

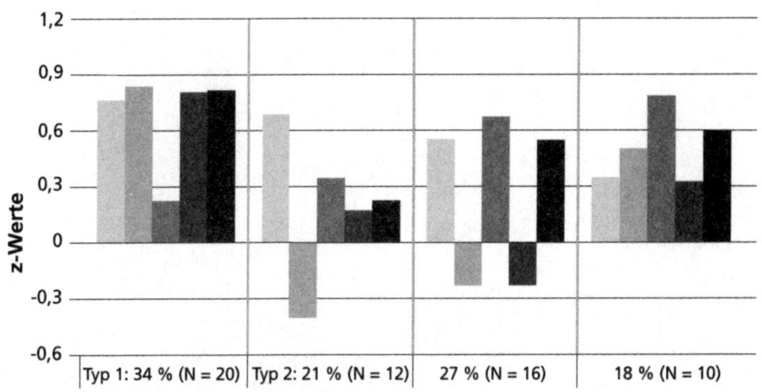

Abbildung 5: Vier Typen von überleistenden Jugendlichen

Die vier Typen lassen sich anhand von persönlichen Einschätzungen der Befragten differenzieren (Tabelle 2). Dazu gehören ihre Einschätzung von Elternkontrolle; worauf sie ihre guten Noten zurückführen; wie wichtig es ist, als klug eingeschätzt zu werden und dass die Eltern zufrieden respektive stolz sind; wie sie ihre Reaktionsweisen bei Misserfolg beurteilen und auch ihre Selbstzweifel.

Merkmal	Typ 1 (N = 20)	Typ 2 (N = 12)	Typ 3 (N = 16)	Typ 4 (N = 10)	Zusammenhänge*
Meine Eltern kontrollieren mich.	3.10	3.26	2.80	2.71	CC=.37
Ich habe nur dann gute Noten, wenn ich mich immer anstrenge.	3.02	3.00	3.12	3.33	CC=.26
Es ist mir wichtig, klug zu wirken.	2.77	2.33	3.01	3.11	CC=.21
Es ist mir wichtig, dass meine Eltern mit mir zufrieden sind.	3.33	3.00	3.34	2.71	CC=.28
Wenn ich nicht erfolgreich bin, arbeite ich noch mehr.	3.00	2.79	3.35	3.33	CC=.21
Wenn ich Angst habe, zu versagen, suche ich nach Ausreden.	3.01	3.27	2.86	2.78	CC=.36
Meine Eltern sind stolz auf mich, wenn ich gute Noten habe.	3.00	2.45	3.21	3.10	CC=.26
Ich habe oft Stress und Prüfungsangst.	3.32	3.22	2.86	3.01	CC=.22
Ich zweifle oft an mir wegen der Schule.	3.39	3.27	3.15	3.25	CC=.15

Fünfstufige Skala (1–5), höhere Werte bedeuten positiver ausgeprägte Ausmaße bzw. höhere Zustimmung. *Cramér's V als Zusammenhangsmaß. Je höher dieser Wert ist, desto wichtiger ist das Merkmal für die Clusterzugehörigkeit.

Tabelle 2: Einschätzungen der befragten Jugendlichen im Rückblick, differenziert nach Typ

In der Tabelle sind die Mittelwerte für jeden Typ dargestellt. Die jeweils höchsten Werte sind grau eingefärbt. Deutlich wird, dass die Jugendlichen des Typs 1 am stärksten betonen, wie wichtig die elterliche Zufriedenheit mit ihnen und ihren Leistungen ist. Gleichzeitig empfinden sie am ausgeprägtesten Stress und Prüfungsangst und haben wegen der Schule die höchsten Selbstzweifel, obwohl diese in allen Typen relativ hoch sind. In Typ 2 empfinden die Jugendlichen die Elternkontrolle als besonders hoch, gleichzeitig suchen sie am meisten nach Ausreden, wenn sie Angst haben, zu versagen. Auch Typ 3 ist geprägt von Jugendlichen, denen es wichtig ist, dass die Eltern mit ihnen zufrieden sind. Zudem geben sie am häufigsten an, noch mehr zu arbeiten, wenn die Leistungen nicht wie erhofft ausfallen. Gute Noten sind ihnen besonders wichtig, weil die Eltern dann stolz auf sie sind. Im Vergleich zu den drei anderen Typen ist in Typ 4 die Überzeugung am ausgeprägtesten, nur bei permanenter Anstrengung gute Noten zu schreiben, gleichzeitig ist es diesen Jugendlichen wichtig, klug zu wirken. Ähnlich wie die Befragten des Typs 3 geben sie an, dass sie noch mehr arbeiten, wenn sich der Erfolg nicht wie erwartet einstellt.

Die Bandbreite von Überleistung

Auf der Basis unserer Clusteranalyse lassen sich vier Typen von Überleistern genauer beschreiben und mit je einem Label versehen. Es sind dies »Die zum Erfolg Geführten« (Typ 1), »Die unter Druck Stehenden« (Typ 2), »Die ambitionsbelasteten Aufsteiger« (Typ 3) sowie »Die intrinsisch Motivierten« (Typ 4). Diese Typologie bildet die Bandbreite, mit der überleistende junge Menschen jenseits unserer Fallstudien beschrieben werden können.

Typ 1: »Die zum Erfolg Geführten«

Zu diesem Typ gehören vor allem junge Menschen aus gut gebildeten Familien mit stabilen Schullaufbahnen und dem Ziel Gymnasium/Abitur/Universität. Ihre ausgesprochen ambitionierten Eltern tun viel dafür, dass ihre Söhne und Töchter erfolgreich sind, obwohl diese im Vergleich zu den Kindern der anderen Typen die geringste Eigenmotivation zeigen. Deshalb bekommt dieser Typ das Label »Die zum Erfolg Geführten«. Offenbar haben die Eltern schon früh bemerkt, dass ihr Kind zwar leistungsbereit ist, aber für gute Noten mehr Aufwand als andere erbringen muss und viel Unterstützung, Motivierung und Kontrolle braucht. Solche zum Erfolg geführten Heranwachsenden fühlen sich besonders gestresst und prüfungsängstlich, weshalb sie ausgeprägte Selbstzweifel haben. Gleichzeitig ist es für sie wichtig, dass die Eltern mit ihnen zufrieden sind.

Typ 2: »Die unter Druck Stehenden«

Holprige Schullaufbahnen, einen mittleren Schulabschluss als Ziel und ein nicht akademisches, aber stärker kontrollierendes Elternhaus – solche Merkmale prägen die Jugendlichen dieses Typs. Da der angestrebte Schulabschluss nicht primär das Gymnasium mit Abitur ist, sondern eher ein mittlerer Abschluss, haben diese Befragten möglicherweise gewisse Lernschwierigkeiten. Sie brauchen gezielte Elternunterstützung, die sie jedoch als besonders kontrollierend empfinden. Aus solchen Gründen bekommt dieser Typ das Label »Die unter Druck Stehenden«. Ähnlich wie in Typ 1 berichten diese Jugendlichen von viel Stress und Prüfungsangst, auch wenn es ihnen nicht besonders wichtig ist, klug zu wirken. Dass die Eltern wegen ihren guten Noten stolz auf sie sind, schätzen sie als eher gering ein. Auch suchen sie des Öfteren nach Ausreden, wenn sie in der Schule versagt haben.

Typ 3: »Die ambitionsbelasteten Aufsteiger«

Dieser Typ unterscheidet sich in verschiedener Hinsicht von den anderen Typen. Ähnlich wie in Typ 2 kennzeichnen eher instabile Schullaufbahnen die Wege dieser Jugendlichen. Doch auffallend sind sowohl ihre hohe intrinsische Motivation als auch die hohen Erwartungshaltungen der Eltern. Stressgefühle und Prüfungsängste kennen diese Jugendlichen im Vergleich zu den drei anderen Typen am seltensten. Angesichts der Tatsache, dass ein Großteil dieses Typs aus einem eher bescheidenen Milieu stammt, bekommt er das Label »Die ambitionsbelasteten Aufsteiger«. Am wichtigsten ist es für sie, dass ihre Eltern mit ihnen zufrieden sind, gleichzeitig zeigen sie auch die höchste Bereitschaft, sich bei schulischen Misserfolgen noch mehr anzustrengen. Entsprechend stolz sind die Eltern auf sie.

Typ 4: »Die intrinsisch Motivierten«

Typ 4 fällt durch die höchste intrinsische Lernmotivation und das Ziel auf, einen hohen Schulabschluss zu erreichen (möglichst Gymnasium und Abitur). Solchen Merkmalen stehen eher bescheiden ausgeprägte Elternerwartungen sowie ein durchschnittliches Herkunftsmilieu gegenüber. Die Kombination dieser Merkmale bei gleichzeitig besonders hohem Aufwand der Kinder für die Schule führt zum Label »Die intrinsisch Motivierten«. Sie sind davon überzeugt, durch besondere Anstrengung gute Leistungen erzielen zu können. Gleichzeitig haben sie auch den ausgeprägtesten Wunsch, klug zu wirken. Damit steht diese Gruppe stellvertretend für das immer wieder beschriebene Beispiel von Heranwachsenden, die nicht von den Eltern angetrieben werden, sondern einen perfektionistischen inneren Drang nach sehr guten Leistungen verspüren. Deshalb steht dieser Typ stellvertretend dafür, dass es auch Schülerinnen und Schüler gibt, die unerwartete Hochleistungen aus Eigenmotivation zeigen. Doch auch sie neigen zu Selbstzweifeln.

Selbstzweifel als gemeinsamer Nenner

Es ist eine empirische Tatsache, dass sich überleistende junge Menschen voneinander unterscheiden. Die einen streben eigenmotiviert danach, außerordentliche Leistungen zu erbringen, die anderen tun dies vor allem für ihr Umfeld, das heißt für Schule und Eltern. Solche Heranwachsende sind überzeugt, dass sie sich deren Wertschätzung respektive Liebe vor allem durch gute Leistungen sichern können. Dafür müssen sie sich aber permanent anstrengen.

Überleister unterscheiden sich auch in ihren Strategien. Typ 2 verweist auf eine Spezialform von Überleistung, auf das Self-Handicapping. Gemeint ist damit die Suche nach legitimierbaren Ausreden, um einen möglichen Misserfolg kaschieren zu können. Anders Typ 4, der schlechte Leistungen unbedingt vermeiden will und deshalb die Anstrengungen noch erhöht. Diese Merkmale verweisen auf das *Impostor*-Phänomen, hierzulande Hochstapler-Selbstkonzept genannt.

Schließlich gibt es Unterschiede in der sozialen Herkunft. Obwohl Überleister im gesamten sozialen Spektrum anzutreffen sind und die ambitionsbelasteten Aufsteiger aus einfachen Verhältnissen im Typ 3 auffallen, ist die bildungsambitionierte Mittelschicht am verbreitetsten.

Der beeindruckendste gemeinsame Nenner der Typologie sind die ausgeprägten Selbstzweifel. Obwohl die Leistungsergebnisse grundsätzlich auf außerordentlichen Anstrengungen basieren, berichten Überleister – mit Ausnahme des eigenmotivierten Typs – dass sie harte Arbeit und Anstrengung eigentlich nicht mögen und diese ihnen wenig Zuversicht bringen. Auch ein Erfolg löst bei ihnen offenbar wenig Freude aus. Sie können ihn kaum genießen, weil sie schon die nächste Leistungsherausforderung vor Augen haben.

Kapitel 6
Self-Handicapper und Hochstapler

Kompetenz gilt nicht nur als integraler Teil menschlicher Erfahrung, sondern in unserer Optimierungsgesellschaft auch als Statussymbol. Deshalb geht es oft mehr um das Kompetent-Scheinen als um das Kompetent-Sein. Überleistung ist *en vogue*, weil Leistung und Erfolg unbesehen von den Fähigkeiten positiv bewertet werden. Für Heranwachsende kann das sehr belastend sein. Mit großer Anstrengung können sie in der Regel ihre Leistungserfolge stabilisieren, manchmal sogar erhöhen. Deshalb sind ihre Sorgen ein wichtiger Motor ihrer permanenten Anstrengungen. Eher selten sind unbeschwerte Kinder, die ihre guten Schulleistungen genießen und daraus ein Selbstbewusstsein schöpfen können.

In diesem Kapitel stehen zwei besondere Ausprägungen von Überleistung im Mittelpunkt, das Self-Handicapping und das Hochstapler-Selbstkonzept. Ansätze des Self-Handicappings zeigen sich in unserer Studie im zweiten Typ der »unter Druck Stehenden«, Ansätze des Hochstapler-Selbstkonzepts im vierten Typ der »Intrinsisch Motivierten«.

Self-Handicapping und die Banalisierung der eigenen Leistung

Self-Handicapper sind eine Spezialform von Überleistern. Ebenso wie die allgemeinen Überleister erbringen sie sehr gute, über den Erwartungen liegende Schulleistungen. Gleichzeitig verbindet sie die Angst vor dem Versagen, große Unsicherheitsgefühle sowie das Bedürfnis, das eigene Kompetenzbild vor Feedbacks zu verstecken.[38] Unterschiede zeigen sich darin, wie sie ihr Selbstbild schützen und was sie dafür tun, um kompetent erscheinen zu können. Dies wird aus Tabelle 3 ersichtlich.

Wer Self-Handicapping praktiziert, stellt die gute Bewertung der eigenen Fähigkeiten durch andere in den Mittelpunkt. Gleichzeitig sind solche Heranwachsenden bemüht, ihre Leistungen zu banalisieren. Für den Fall, dass sie nicht die erhoffte gute Leistung zeigen, beugen sie vor: Sie verschaffen sich künstliche Hindernisse, um diese als Ausrede heranziehen zu können. Anders verhalten sich Heranwachsende mit einem allgemeinen Überleisterverhalten. Sie sind besorgt, ihre Leistungen würden nicht als gut genug beurteilt. Deshalb schützen sie ihr Selbstbild, indem sie mit großem Engagement noch bessere Noten anstreben, die Anstrengungen weiter ausdehnen und damit ein Versagen um jeden Preis vermeiden wollen.

Überleisterkinder, die Self-Handicapping praktizieren	**Kinder, die allgemeines Überleisterverhalten zeigen**
... sind besorgt über die Beurteilung der eigenen Fähigkeiten durch andere.	... sind besorgt über die Beurteilung der eigenen Leistungen durch andere.
... schützen das Selbstbild durch den möglichen Verzicht auf gute Leistungen.	... schützen das Selbstbild durch noch bessere Noten/Zertifikate.
... versuchen, Anstrengungen nicht noch weiter zu erhöhen.	... dehnen Anstrengungen aus.
... verschaffen sich künstlich ein Hindernis als Ausrede bei einer schlechten Leistung.	... vermeiden Versagen um jeden Preis.

Tabelle 3: Unterschiede zwischen Self-Handicappern und Überleistern

Self-Handicapping und allgemeine Überleistung sind zwei Strategien, um die hohen Ansprüche der schulischen und familiären Umwelt – manchmal auch die Ansprüche an sich selbst – zu bewältigen. Welche Strategie junge Menschen mit einem wackligen Selbstvertrauen nutzen, hängt vom Referenzrahmen ab. Wird Kompetenz mit kognitiven Fähigkeiten gleichgesetzt, wählen Heranwachsende das Self-Handicapping – wer hingegen auf die Idee fokussiert, Kompetenz würde anhand guter Noten oder Zertifikate gemessen, setzt auf allgemeine Überleistung.

Self-Handicapping als Selbstsabotage

Es kann verlockend sein, sich selbst mit Ausreden im Weg zu stehen, gerade wenn die Erfolgswahrscheinlichkeit nicht besonders groß ist: »Weil ich enorme Prüfungsangst habe, sind meine Noten nicht so gut, wie sie sein könnten« oder »Ich hatte zu viel zu tun und konnte nicht rechtzeitig mit dem Lernen beginnen, deshalb konnte ich mich nicht ausreichend auf die Prüfung vorbereiten.« Hinter solchen Ausreden steckt die Vermeidungsstrategie, wonach man unter anderen Bedingungen selbstverständlich mit Bestnoten bestanden hätte. Damit lässt sich Misserfolgen emotional aus dem Weg gehen, weil sie der Situation zugeschrieben werden – und nicht sich selbst.

Was steckt hinter einer solchen Selbstsabotage?[39] Zumindest scheint die Strategie, sich selbst Hindernisse in den Weg zu stellen, etwas paradox. Ein Hauptgrund ist die Sorge, das eigene Versagen könne auf niedrige Fähigkeiten hinweisen. Offenbar haben Self-Handicapper eine wichtige Botschaft unserer Kultur verinnerlicht: dass Talente angeboren sind und man nur darum erfolgreich ist. Deshalb nutzen sie diese Strategie immer dann, wenn sie mögliche Misserfolge in Erwägung ziehen und darum ihr Selbstwertgefühl bedroht sehen. Ihre Angst vor Misserfolg dominiert den Wunsch nach Erfolg. Dies ist auch bei Frank so. Er hat ein gutes Gespür, wenn ihm etwas zu viel wird. Self-Handicapping hilft ihm, gelassener zu werden.

»ICH FÜHLTE MICH SEHR KRANK,
DARUM WAR MEINE NOTE SCHLECHT«

Im ersten Jahr des Gymnasiums gilt der dreizehnjährige Frank als Nerd, selbst sieht er sich jedoch überhaupt nicht so. Vielmehr fühlt er sich einfach als Junge, der andere Dinge tut als die Schulkameraden. Am liebsten ist er mit Freunden zusammen, die auch Programmieren lernen. Doch Franks Mutter ist besorgt, dass er in sprachlichen Fächern nicht die Fortschritte macht, die sie sich erhofft. Aus diesem Grund steckt sie ihn in ein privates Gymnasium. Hier kennt Frank niemanden, und niemand kennt ihn. Doch er findet schnell neue Freunde.

Nun aber interveniert die Mutter. »Du bist unwählerisch. Wenn du mit allen Mitschülern so schnell Freundschaft schließt, wirst du von ihnen ausgenutzt. Du bist zu wenig zu Hause, um zu lernen. Darum bringst du nicht die Leistungen, die wir uns vorgestellt haben.«

Die Mutter beginnt, Frank unter Druck zu setzen. Seine Noten sind nicht spitze, aber durchschnittlich. Doch er selbst weiß nicht mehr, was er aus seinem Leben machen möchte. Sicher ist für ihn nur, dass er kein Akademiker werden will. Er arbeitet zwar für die Schule, merkt aber, dass er für gute Noten den Aufwand deutlich erhöhen müsste. Deshalb beginnt er, sich bei Prüfungen immer wieder Handicaps zuzulegen (»Ich fühlte mich sehr krank«; »Ich habe die ganze Nacht nicht geschlafen«). Dadurch gelingt es ihm, etwas gelassener zu werden, der Schule und der Mutter gegenüber – aber auch zunehmend distanzierter.

Kurzfristig betrachtet, kann Self-Handicapping von Vorteil sein, weil bei Erfolg der Selbstwert gesteigert und bei Misserfolg zumindest aufrechterhalten werden kann. Bei moderatem Gebrauch dieser Strategie lässt sich sogar ohne Versagensängste lernen. Das Beispiel von Frank zeigt, dass ein Handicap für den Fall befreiend wirken kann, wenn es eben doch nicht klappen sollte.

Doch längerfristig betrachtet, hat Self-Handicapping manche negativen Konsequenzen. Leistungssituationen werden vermieden, die Gedanken kreisen um das Versagen, und man macht sich immer abhängiger von der Bewertung anderer. Letztlich hat auch Frank das ursprüngliche Vertrauen in seine Fähigkeiten verloren, genauso wie die intrinsische Motivation. Und die hatte er fürs Programmieren.

Ich scheine mehr, als ich bin: das Hochstapler-Selbstkonzept

Manche Menschen müssen sich alles erarbeiten. Doch wenn sich Erfolg einstellt, zweifeln sie an sich. Das ist das Hochstapler-Phänomen (*Impostor-Phenomenon*), eine sehr spezifische Form von Überleistung. Der Begriff ist etwas verwirrend, weil man unter einem Hochstapler oder einer Hochstaplerin normalerweise eine Person versteht, deren Erfolg einer Vortäuschung falscher Tatsachen gleichkommt. Das Hochstapler-Phänomen beschreibt jedoch Menschen, die eher tiefstapeln. Obwohl sie völlig verdient und rechtmäßig erfolgreich sind, haben sie das Gefühl, ihren Erfolg erschlichen zu haben und andere zu täuschen. Stellvertretend dafür steht Tom Hanks, der berühmte amerikanische Schauspieler *(Forrest Gump)*. In einem Interview hat er einmal gesagt: »Ich habe ständig Angst, dass jemand herausfindet, dass ich eigentlich nichts kann.«[40] Dahinter steckt die grundlegende Überzeugung, der eigene Erfolg sei nicht das Ergebnis angestrengter Arbeit, sondern gewissermaßen eine Täuschung, also mehr Schein als Sein. Dieses Phänomen ist verbreitet, gerade bei jungen Menschen, die als sehr kompetent gelten.

In unserer Studie zeigen sich ebenfalls Ansätze des Hochstapler-Phänomens. Die Jugendlichen des Typs 4 (»Die intrinsisch Motivierten«) haben hohe persönliche Standards und erwarten von sich selbst, dass sie alles fehlerfrei schaffen. Versagensangst treibt sie an, äußerst hart zu arbeiten, weshalb sie bereits eine Leistung im Durchschnittsbereich als Misserfolg werten. Im Unterschied zu allgemeinen Überleistern sorgen sie sich, von anderen abgelehnt zu werden – entweder aus Neid, oder weil sie sich von ihnen unterscheiden. Dies gilt insbesondere dann, wenn ihr Erfolg für die Herkunftsfamilie oder für das Geschlecht als eher untypisch angesehen wird.

Zur Bewältigung dieser Situation wenden Jugendliche mit einem Hochstapler-Selbstkonzept ähnliche Strategien wie allgemeine Überleister oder Self-Handicapper an. Entweder steigern sie ihren Aufwand bis ins Exzessive oder sie suchen nach Begründungen für einen allfälligen Misserfolg. Sind sie erfolgreich, stellt sich eine kurzfristige Erleichterung, aber keine Genugtuung ein. Zwar ersehnen sie eine Bestätigung ihrer Kompetenz, doch sobald sie Lob bekommen, werten sie dieses ab oder entkräften es sogar. Sie sind überzeugt, dass es ihnen nicht zusteht. Gleichzeitig steigt die Befürchtung, den Erfolg bei der nächsten Herausforderung nicht wiederholen zu können, und die Ängste und Selbstzweifel wiederholen sich.

Die Wurzeln des Hochstapler-Selbstkonzepts dürften in der Kindheit liegen und in den sozialen Erwartungen. Sicher ist das Phänomen das Ergebnis einer komplexen Interaktion zwischen Anlage- und Umweltfaktoren, wobei die Sozialisation eine besondere Rolle spielt. Eine hohe familiäre oder schulische Leistungsorientierung erzeugt ein selbstwertabhängiges Leistungsgefühl. Deshalb wachsen diese jungen Menschen mit dem Gefühl auf, dass ihr Wert von der Leistung abhängt, weshalb sie sich vor allem über gute Leistungen definieren. So steigt die Angst vor dem Versagen und dem Auffliegen der vermeintlichen Inkompetenz. Das sind wichtige Bedingungen für die Verfestigung des Hochstapler-Verhaltens.

Sind Hochstapler vor allem weiblich?

Menschen mit einem Hochstapler-Selbstkonzept finden sich bei beiden Geschlechtern.[41] Doch Jungen gehen in der Regel mit negativem Feedback anders um als Mädchen.[42] Sobald Jungen negative Rückmeldungen erhalten und sich für ihr Ergebnis gegenüber Autoritäten verantworten müssen, geben sie schneller auf. Mädchen strengen sich bei einer ungünstigen Rückmeldung noch mehr an. Doch bezeichnen sie sich in der Regel nur dann als klug, wenn sie sich zu hundertfünfzig Prozent kompetent fühlen. Die zwölfjährige Rosa steht als Beispiel für eine erfolgreiche junge Migrantin, die den Sprung ans Gymnasium geschafft hat, aber mit ihrem Hochstapler-Selbstkonzept kämpft. Sie würde in unserer Studie zum Typ der »Intrinsisch Motivierten« gehören.

»WER BIN ICH SCHON? EIN MIGRANTENKIND.«

Die Familie ist mit der heute zwölfjährigen Rosa vor zehn Jahren in die Schweiz gekommen. Sie war immer schon eine gute Schülerin, und die Eltern sind sehr stolz auf sie. Der Vater ist Bauarbeiter, die Mutter arbeitet im Service. Rosa ist enorm ehrgeizig und strebt nur Bestnoten an. Alles andere erachtet sie als Versagen. Sie setzt sich hohe Leistungsstandards und lernt überaus viel. Trotzdem hat sie immer das Gefühl, nicht zu begreifen, worum es geht – worüber die anderen sprechen und dass sie deshalb nicht mithalten kann. »Wer bin ich schon?«, geht ihr dann durch den Kopf, »ein Kind aus einer einfachen Migrantenfamilie.«

Eben ist ihr der Übertritt ins Gymnasium gelungen, aber die Angst, es nicht zu schaffen, ist groß. Und Rosa ist sich sicher, zu Unrecht im Gymnasium zu sein, weil sie nur Glück gehabt hat und die Lehrkräfte sie zu gut einschätzen. Sie ist überzeugt, dass andere viel schlauer und fähiger sind.

Einige Studien kommen zum Schluss, dass Hochstapler eher weiblich sind, andere jedoch nicht. Die einen Untersuchungen berichten keine Differenzen zwischen den Geschlechtern, andere verweisen auf sozialisationsbedingte Unterschiede. Tatsache ist, dass die Familie der erste Ort ist, an dem Risiken und Chancen in der geschlechterspezifischen Sozialisation »verteilt« werden. Mädchen werden auch heute noch oft so erzogen, dass sie – wie Rosa – ihre Erfolge bevorzugt mit Anstrengung oder Zufall, ihre Misserfolge aber mit mangelnder Begabung erklären.[43] Bei vielen Jungen ist dies anders. Sie lernen, ihre Erfolge eher mit Begabung, ihre Misserfolge hingegen mit Zufall zu begründen.

Solche Entwicklungen können auch durch den verbreiteten überbehütenden Erziehungsstil verstärkt werden. Weil Mädchen eine durchschnittlich etwas bessere Emotionskontrolle haben, reagieren sie weniger rebellisch auf Überbehütung und halten sich im Gegensatz zu Jungen an Aufforderungen zur Sozialverträglichkeit. Mädchen sind besonders kompetent darin, angepasst zu sein. Zwei Drittel berichten über Selbstzweifel, wenn es um ihre hohe Leistungsfähigkeit geht, während es bei den Jungen bei gleicher Leistungsfähigkeit nur ein Drittel sind.[44] Zudem stufen Mädchen ihre Intelligenz im Gegensatz zu Jungen im Durchschnitt niedriger ein, auch wenn es zwischen ihnen objektiv keinen Unterschied gibt. Solche Mechanismen führen gerade bei Mädchen verstärkt zu sehr hohen Leistungsansprüchen und zu perfektionistischem Verhalten. Das weibliche Hochstapler-Selbstkonzept dürfte deshalb viel mit dem bereits erwähnten »Supergirl-Komplex« (Kapitel 5) zu tun haben und ein Muster für die Internalisierung gesellschaftlicher Erwartungen sein, die nach wie vor geschlechtsspezifisch sind.

Kapitel 7
Wenig Selbstvertrauen, viele Selbstzweifel

Selbstzweifel sind ein Kernelement von Überleistung. Aufgrund ihrer Hochleistungen ernten Kinder zwar viel Lob, zweifeln aber gleichzeitig daran, dass sie mit weniger Anstrengung trotzdem erfolgreich sein könnten. Diese Kombination ist bei drei der beschriebenen Überleistertypen ein handlungs- und verhaltensleitendes Motiv. Solche Heranwachsenden sind überzeugt, dass ihre Erfolge nicht Ausdruck ihrer Fähigkeiten, sondern die Folge äußerer Umstände, also ihrer Anstrengung, sind. Diese Überleister sind nicht erfolgsorientiert, sondern misserfolgsängstlich. Nachfolgend werden die Hintergründe hoher Selbstzweifel bei gleichzeitig niedrigem Selbstvertrauen diskutiert.

Kindern wird das Selbstvertrauen nicht verliehen, sie müssen es erwerben

Die Gefühle, welche ein Kind sich selbst gegenüber hat, werden in der Fachliteratur mit sehr verschiedenen Begriffen umschrieben, zum Beispiel mit Selbstbild, Selbstkonzept, Selbstwirksamkeit oder Selbstwert. Diese Begriffe bezeichnen ähnliche Sachverhalte und stehen für Einstellungen und Gefühle, welche jemand gegenüber sich selbst hat.

Ist unser Selbstbild positiv, verfügen wir über einen hohen Selbstwert und damit über ein positives Selbstwertgefühl. Dann fühlen wir uns kompetent und in der Lage, Veränderungen herbeizuführen und unsere Ziele zu erreichen. Den Selbstwert immer wieder aufrechtzuhalten oder ihn sogar zu steigern, ist eine Herausforderung, die zum Menschsein gehört. Darum hat diese Strategie weitreichende Bedeutung sowohl für das Fühlen, Denken und Verhalten eines Individuums als auch für Konsequenzen im Hinblick auf Erfolgszuversicht oder Misserfolgsorientierung.

Leider ist das Selbstwertgefühl in den letzten Jahren stark popularisiert worden. Oft wird davon ausgegangen, dass es bei einem Kind mit ein paar praktischen Übungen (wieder) hergestellt werden kann. In Ratgebern überwiegt beispielsweise die Vorstellung, Erwachsene müssten dem Kind nur oft genug sagen, es sei smart, talentiert oder sehr speziell, dann würde es über kurz oder lang ein gutes Selbstwertgefühl entwickeln. Doch ein solches Gefühl wird nicht verliehen, es muss erworben werden – in erster Linie durch Erfahrungen mit den primären und sekundären Betreuungspersonen, also Eltern, Großeltern, Kita-Personal, Lehrkräften, Trainerinnen und Trainern.

Dies gilt auch für überleistende Kinder. Viele von ihnen werden mit zu hohen Leistungserwartungen konfrontiert. Deshalb können sie kaum Ressourcen für sich selbst entwickeln und nicht kreativ darin sein, die eigenen Bedürfnisse zu spüren, ohne sich immer an Fremderwartungen und -vorgaben zu orientieren. Geht es um Leistung, entwickeln sie zunehmend negative Emotionen, die in eine permanente Misserfolgsorientierung münden können. Leistungsanforderungen werden zu prekären Situationen, in denen die Integrität des Ichs durch äußere Faktoren bedroht wird.

Den meisten beschriebenen Typen von Überleisterinnen und Überleistern fehlt eine schulische und private Umgebung, in der sie ein gesundes Selbstwertgefühl aufbauen können. Sie werden kaum ermuntert, sich eigene und für sie bedeutsame Ziele zu setzen und diese auch zu erreichen versuchen. Eher werden sie dazu verpflichtet, die von Erwachsenen vorgegebenen Ziele in Schule und Freizeit zu den eigenen zu machen. Doch wenn sie permanent einen großen Aufwand dafür betreiben müssen, Misserfolge aber nicht toleriert werden, können sie kein gutes Selbstwertgefühl entwickeln.

»Ich glaube, es ist etwas falsch an mir«: Verborgene Denkmuster

Geht es um die Verbindung von Kompetenz und Selbstzweifel, stehen zwei Quellen zur Verfügung. Die Psychoanalyse sieht die Ursache psychischer Störungen in unbewussten Konflikten aus der frühen Kindheit. Beispielsweise kann das Verhalten der Eltern emotionsarm oder mit einer Neigung verbunden sein, die Kinder abzuwerten, wenn diese ihre Erwartungen nicht erfüllen. Ähnlich argumentieren Vertreter der kognitiven Verhaltenstherapie[45], welche eine wesentliche Quelle darin sehen, dass Menschen wiederholt Zurückweisung und Ablehnung erleben. Sie entwickeln ein negatives Selbstbild und auch negative Denkmuster über sich selbst – so wie Renata. Sie ist ein Beispiel dafür, wie Kinder verinnerlichen können, dass etwas an ihnen falsch sein muss.

> »ICH GLAUBE, ES IST ETWAS FALSCH AN MIR«
> Renata ist eine zwölfjährige fleißige und beliebte Schülerin. Auch wenn sie zwei Abende pro Woche als Babysitter arbeitet, erledigt sie die Hausaufgaben gewissenhaft. Genauso befolgt sie Regeln und Normen der Eltern, weil sie diese stolz machen möchte.
> Renata sagt, die Mutter sei ihr gegenüber oft kritisch eingestellt. Die Frisur und auch Renatas Verhalten passen ihr nicht. Im Interview liest Renata einen Eintrag in ihrem Tagebuch vor: »Warum behandelt mich Mama so, und wes-

halb ist sie kritisch mit mir?« Renata ist überzeugt, dass ihre Mama sie weniger liebe als den Bruder. Obwohl sie sich in der Schule immer sehr anstrengt und noch besser werden möchte, versteift sie sich zunehmend darauf, dass etwas an ihr falsch sein muss.

Renatas Geschichte steht exemplarisch für die tief sitzende Angst mancher überleistender Kinder, nicht liebenswert genug zu sein. Dieses Gefühl ist grundlegend für die Entwicklung eines negativen Selbstwertgefühls. Eltern und auch Lehrkräfte mögen sich dessen kaum bewusst sein. Gemeinsam ist vielen dieser jungen Menschen, das permanente Streben nach guten Leistungen mit der Hoffnung zu verbinden, den Eltern und Lehrkräften Eindruck zu machen und dadurch ihr Selbstwertgefühl zu stärken.

Überleistung im Teufelskreis

Nahezu alle Heranwachsenden machen hie und da Bekanntschaft mit Selbstzweifeln. Doch sowohl Überleister als auch Self-Handicapper und ebenso Kinder und Jugendliche mit einem Hochstapler-Selbstkonzept stellen ihre Kompetenz und Leistungsfähigkeit chronisch in Frage, suchen nach einleuchtenden Ausreden oder fokussieren permanent auf ihre Unvollkommenheit. Gemeinsam ist ihnen das Gefühl, nie genug geleistet zu haben. Sie können sich nicht entspannen, weil ihnen die Angst vor dem Versagen auf den Fersen ist. Gerade junge Menschen mit einem Hochstapler-Selbstkonzept, die ihren Erfolg schon unter Beweis gestellt haben, sind überzeugt, diesen nicht zu verdienen. Sie führen ihn vor allem auf Glück, Zufall oder auf die Überschätzung der eigenen Fähigkeiten durch Dritte zurück.

Der Zyklus, in dem sich Kinder und Jugendliche mit Überleistersymptomen befinden, gleicht einem Teufelskreis. Bei jeder Leistungsanforderung wird er von Neuem durchlaufen. Der Verlauf ist aber, wie Abbildung 6.1 bis 6.3 verdeutlichen, unterschiedlich.

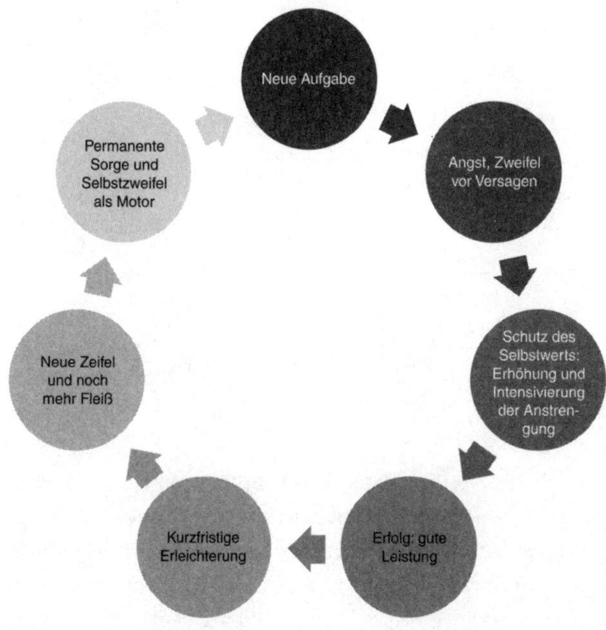

Teufelskreis allgemeine Überleistung:
»Das kann ich nur mit großer Anstrengung«

Junge Menschen mit allgemeinen Überleistersymptomen vermeiden Misserfolge um jeden Preis. Weil sie ausschließlich auf die Leistung als Ergebnis ihrer Anstrengung setzen, müssen sie in zukünftigen Situationen zwangshaft leistungserfolgreich sein. Deshalb plagt sie eine fast chronische Angst vor möglichem Versagen. Diese Sorge ist ein wichtiger Motor, um sich noch mehr anzustrengen. Doch auch wenn sich Leistungserfolge einstellen, sind sie nicht aus dem Schneider, weil sie immer wieder mit neuen Selbstzweifeln zu kämpfen haben.

Abbildung 6.1: Der Teufelskreis von Überleistung und ihren Varianten

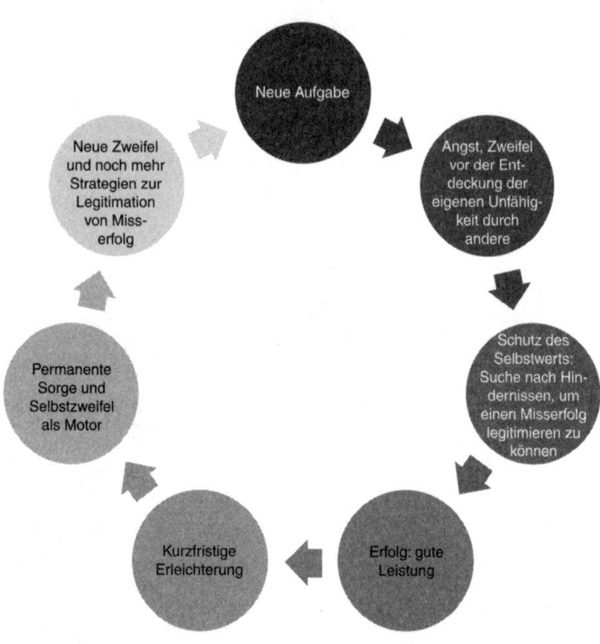

Teufelskreis Self-Handicapping:
»Das war nicht das, was ich kann«

Self-Handicapper haben Angst davor, dass andere ihre Unfähigkeiten entdecken. Um den Selbstwert zu schützen und damit andere ihre Fähigkeiten positiv bewerten, verschaffen sie sich künstlich Hindernisse. Diese setzen sie bei Misserfolgen als Begründungen ein. Solche Strategien sorgen dafür, dass Self-Handicapper die Ursache für den Misserfolg nicht bei sich selbst suchen müssen. Gute Leistungen führen zwar zu einer kurzfristigen Erleichterung, doch die Selbstzweifel bleiben. Zufrieden macht das nicht, und tatsächliche Erfolge zu erzielen wird immer schwieriger. Gleiches gilt für die Suche nach neuen Legitimationsstrategien für mögliche Misserfolge.

Abbildung 6.2: Der Teufelskreis von Überleistung und ihren Varianten

Teufelskreis Hochstapler-Selbstkonzept: »Ich scheine mehr als ich kann«

Jede bevorstehende Prüfung, Präsentation oder eine neue Herausforderung erzeugt bei Heranwachsenden mit einem Hochstapler-Selbstkonzept Unsicherheit, Sorgen und Ängste vor dem Versagen. Obwohl sie sehr erfolgreich sind und oft zu den Besten gehören, haben sie das ungerechtfertigte Gefühl, den Herausforderungen nicht gewachsen zu sein. Sie bereiten sich exzessiv auf eine Herausforderung vor. Stellt sich Erfolg ein, ist die Erleichterung nur kurzfristig. Meist werten sie ihren Erfolg oder das damit verbundene Lob ab und entwickeln das Gefühl, sie hätten den Erfolg nicht verdient und ihre Inkompetenz fliege auf.

Abbildung 6.3: Der Teufelskreis von Überleistung und ihren Varianten

III
ELTERN ALS MAXIMIERER

Optimierung ist ein Imperativ unserer Gesellschaft geworden, dem sich zu entziehen schwierig geworden ist. Manche Mütter und Väter fügen sich fast unhinterfragt in die ihnen zugedachte Rolle als Maximierer der kindlichen Entwicklung. Eltern fühlen sich deshalb mächtig unter Druck, das Kind so zu formen, dass es ihren und den schulischen Erwartungen entspricht. Nicht selten rutschen sie in eine dauerkontrollierende Haltung hinein, damit die Noten stimmen.

Kapitel 8
Bildungsangst und ihre Folgen

Familien sind in die leistungsorientierte Wettbewerbskultur eingebunden. Diese ist ein Schlüssel für das Verständnis, warum Bildungsinvestitionen in der Hoffnung getätigt werden, sie würden sich direkt im Schulerfolg abbilden. Oft werden jedoch die formenden Negativeffekte von Vätern und Müttern übersehen.

Das Elternhaus gilt als hauptverantwortlich für Erfolg und Versagen der Kinder. Deshalb ist die Liste lang, wenn es um die Beschreibung von Verantwortung und Ehrgeiz der Eltern geht. Helikopter-, Drohnen-, Problem-, Kampf- oder Nörgeleltern werden die genannt, welche gegen Noten, Hausaufgaben, Selektionsentscheide oder Schulhauszuteilungen kämpfen und Kinderärztin oder Anwalt gleich zum Elterngespräch mitnehmen. Oder Mütter und Väter, die als Beweismittel Essenspläne in der Kindertagesstätte abfotografieren, um sicherzugehen, dass der Nachwuchs wirklich nur die Speisen erhält, die ihm auch zu Hause munden.

In diesem Kapitel geht es um die Hintergründe solchen Verhaltens. Vordergründig scheint die Dynamik allein von den Familien auszugehen, doch die Hauptursache liegt in unserer Hochleistungsgesellschaft. Optimierung hat das Schicksal abgelöst, das nicht Perfekte wird kaum mehr toleriert. Das ist keine Weisheit, die Eltern erfunden haben, sondern eher ein gesellschaftlicher Imperativ. Von Exzellenz und Akademisierung ist die Rede, Konkurrenzfähigkeit gilt als unausgesprochenes Ziel vieler Fördermaßnahmen. Wohin Väter und Mütter auch schauen und an wen sie sich wenden: Sie werden in ihrer Sorge bestätigt, in der kindlichen Förderung möglicherweise etwas zu versäumen. Diese Sorge setzt Prozesse in Gang, die zu Bildungsangst, verstärkter Kontrolle der Kinder und zu besonderen Erwartungen an sie führen. Eltern werden in die Rolle der Maximierer und Optimierer geradezu hineinkatapultiert.

Den Schulerfolg garantieren: Eltern unter Druck

Der generalisierende Begriff Helikopter-Eltern ist despektierlich, dogmatisch und wenig zielführend.[46] Erstens schauen nicht alle ambitionierten Mütter und Väter ihren Kindern permanent über die Schultern. Zweitens sind wir noch lange nicht so weit, wie Japans *kyoiku*-Mamas, die durchschnittlich jede Woche während zwei Stunden in den Mathematikstunden ihres Kindes sitzen, um ihm am Abend bei den Hausaufgaben helfen zu können. Drittens ist die Mehrheit der Elternhäuser überzeugt, die schulischen Anforderungen seien markant gestiegen. Deshalb sehen sie sich gezwungen, den bestmöglichen Weg zu finden, um dem Kind bestmögliche Bildungschancen zu garantieren.

Wie Kinder zu fördern und zu erziehen sind, damit sie erfolgreich werden – kaum ein anderes Thema dürfte die Emotionen höherschlagen lassen. Erinnert sei an das Buch *Die Mutter des Erfolgs* der chinesisch-amerikanischen Juristin Amy Chua, das vor einigen Jahren zu einem der meistgekauften Erziehungsratgeber wurde. Was machte dieses Buch so attraktiv und was ist an ihm heute noch aktuell? Dass Chua, die oft als »Tigermutter« bezeichnet wird, den Nerv unserer ambitionierten Gesellschaft ziemlich gut trifft. Sie beschreibt eine ausgeprägte Variante des ehrgeizigen Erziehungsstils, wie er in Ansätzen auch hierzulande praktiziert wird, doch nur unter vorgehaltener Hand. Wer von uns hat nicht schon solche Tigermütter-Methoden angewandt? Wenn etwa der Sohn vor dem Übertritt ans Gymnasium steht und immer noch keine genügenden Aufsatznoten schreibt, obwohl man so viel mit ihm geübt hat? Und dies trotz Strafandrohungen und Nachhilfestunden? Und wie oft hat das Ganze in Streit, Frust und Tränen geendet – aber vielleicht auch am Schluss mit dem Erfolg, dass der Übertritt ins Gymnasium dann doch geklappt hat?

Das Regime einer intensiven und kontrollierenden Erziehung spiegelt sich in Chuas Buch in verzerrter Form wider. Dennoch kann das Buch zu kritischen Fragen anregen: Warum lassen sich Eltern für den schulischen Erfolg ihrer Kinder verantwortlich machen? Weshalb erfolgt das schulische Lernen nicht zuerst und vor allem in der Schule? Zum einen sicher deshalb – wie in Kapitel 1 beschrieben – weil die Schule die Mitarbeit der Eltern einfordert und sie je nach Ausmaß als »engagiert« oder »desinteressiert« etikettiert. Zum anderen sind es die weitverbreiteten Sorgen der Familien, die Kinder könnten nicht so geraten wie erwünscht oder vielleicht sogar scheitern. Deshalb gewichten viele von ihnen schulische Leistungen hoch, während künstlerische Elemente für sie Zeitverschwendung sind – so wie bei Jan.

»ZEICHNEN IST FÜR MEINE ELTERN EINE ZEITVERSCHWENDUNG«

Jan war zum Zeitpunkt unseres Interviews ein überleistender dreizehnjähriger Gymnasiast, der sich aber weder für etwas wirklich zu interessieren schien noch sich einer Gruppe anzuschließen vermochte. Er ist Einzelkind und hat hochgebildete Eltern. Wir führten das Interview in meinem Büro an der Universität Fribourg durch, wo ich auf einem Tablar alte griechische Tonskulpturen aufgereiht und einen Topf mit verschiedensten Farbstiften stehen hatte. Im Verlaufe des Gesprächs fragte mich Jan, was das für Figuren seien und ob ich sie jeweils abzeichnen würde. Ich verneinte und sagte, dass diese Stifte zufällig neben den Figuren stehen würden. Ob er denn zeichnen könne, fragte ich ihn. Oh, nein, antwortete er, für seine Eltern sei Zeichnen eine Zeitverschwendung. Ich ermutigte ihn, es doch gerade jetzt einmal zu versuchen. Was er dann aufs Papier zauberte, faszinierte mich. Am Schluss des Interviews ermutigte ich ihn, seinen Eltern von unserem Gespräch zu erzählen.

Zwei Jahre später bekam ich einen Anruf von Jans Mutter. Sie erzählte mir, wie begeistert Jan nun plötzlich sei, weil er in seiner Freizeit fast immer zeichne und male. Sie seien als Eltern sehr froh, weil sie sich Sorgen um seine Zukunft gemacht hätten. Und kürzlich erhielt ich von Jan ein Mail, in dem er mir mitteilte, dass er eine Schule für Gestaltung besuche und sehr glücklich sei.

Mag sein, dass es unsicher ist, ob Jan einmal ein erfolgreicher Künstler werden wird. Aber er hat von einem unglücklichen Überleister den Weg zu seiner Passion gefunden – nicht zuletzt dank der Einsicht seiner Eltern. Wahrscheinlich haben sie gespürt, wie sie ihm mit ihren Ängsten um seine Zukunft die Begeisterungsfähigkeit genommen hatten, sich für ein bestimmtes Gebiet jenseits der klassischen Hauptfächer interessieren zu dürfen.

Die Sorge um den Statuserhalt

Eltern haben sich schon immer Sorgen gemacht über die Zukunft der Kinder. Aber heute hat die Angst ihre Wurzeln zu einem nicht kleinen Teil in den außergewöhnlichen Kampagnen für die akademische Bildung. Solche Kampagnen haben aus der normalen Sorge eine hektische Ängstlichkeit rund um den kindlichen Schulerfolg gemacht. *Bildungspanik* nennt Heinz Bude dieses Phänomen in seinem gleichnamigen Buch. Gemeint sind damit die Verhaltensweisen nervöser Eltern, die sich als Torwächter verstehen und ihren Kindern Plätze in den Gymnasien sichern wollen. Ihre Interessen sind ein Stück weit legitim. Die Kinder sollen mindestens den gleichen Status wie die Eltern erreichen oder, besser noch, ihn übertreffen. Wer selbst ein Gymnasium absolviert hat, tut viel dafür, dass dies auch für die eigenen Kinder so bleibt.

Solche Einstellungen sind nicht selten von Abstiegsängsten begleitet. Die öffentliche Diskussion um die Bedeutung von Ausbildung und Zertifikaten setzt Väter und Mütter mächtig unter Druck. Dazu kommt der Vergleich mit »dem sozialen Nachbarn«. Damit meint der Soziologe Georg Simmel Freunde, Nachbarn oder Arbeitskollegen, welche einen ähnlichen Status haben und deshalb als Maßstab dienen. Schicken diese ihr Kind in eine Privatschule, gerät man in ein vergleichendes Grübeln, auch wenn man an sich mit der Schule des Kindes zufrieden ist.

Das Beispiel von Cornelia zeigt, dass Eltern sich manchmal zu wenig Rechenschaft darüber ablegen, wie sehr sie mit ihren Ängsten und Vorstellungen zwar nicht unbedingt die Leistung des Kindes beeinflussen, wohl aber sein psychisches und physisches Wohlbefinden.

»WARUM SOLLTEN WIR DIE URSACHE FÜR DEN STRESS UNSERER TOCHTER SEIN?«

Cornelia ist eine fleißige, gehorsame und gut erzogene Zwölfjährige – ein Vorzeigekind. Sie besucht eine Privatschule, weil die Eltern ihr die beste Ausbildung ermöglichen wollen und dies in ihrem Freundeskreis so üblich ist. In letzter Zeit hat Cornelia in Prüfungssituationen Angst und Magenbeschwerden. Gemäß Hausarzt sind es stress-

bezogene Symptome. Er schlägt Cornelia vor, alles etwas gelassener zu nehmen. Doch die Beschwerden treten auch bei Geburtstagseinladungen auf, weshalb die Mutter eine Therapeutin kontaktiert. In der Therapie zeigt sich schnell, dass Cornelia an ihrem Perfektionsstreben leidet. Unfähig, sich selbst zu erlauben, nur durchschnittlich zu sein, pusht sie sich weiter, bis ihr Körper sie zwingt, zurückzufahren. Cornelia ist eine Überleisterin.
Dazu kommt, dass Cornelias Eltern ihren Einfluss nicht sehen wollen. »Sie hat nie Misserfolg gehabt, weshalb sollten wir die Ursache für diese Angst sein?« fragt Cornelias Mutter die Therapeutin.

In den Gesprächen mit der Therapeutin lernen die Eltern, dass Cornelia trotz bisher ausgebliebener Misserfolge intuitiv spürt, wie wichtig der Erfolg für Mama und Papa ist. Sie erkennen auch, dass Cornelia solche Gefühle internalisiert hat und diese sich in Form von Ängstlichkeit und Magenbeschwerden zeigen. Doch als die beiden ihren Tunnelblick auf Bestleistungen überwinden konnten und einsahen, wie sehr sie ihre Ängste auf Cornelia übertrugen, änderten sie nach und nach ihre Haltung. Damit haben sie ihrer Tochter sehr geholfen. Cornelia hat ihre Ängste und ihr ungesundes Perfektionsstreben überwinden können und gelernt, auch nur hinreichend gute Noten zu akzeptieren.

Elternengagement und Kinder im Hamsterrad

Weil es heute viel teurer ist als je zuvor, ein Kind zu fördern und zu bilden, sehen nicht wenige Eltern ein erfolgreiches Kind als *Return on Investment*. Wer zudem viel Geld für eine Privatschule ausgibt und es vielleicht arg zusammensparen muss, hofft womöglich, so den Schulerfolg garantieren zu können.

Liegen solche Eltern richtig? Teils ja, teils nein. Eher ja, weil verschiedene Studien belegen, dass sich Bildungsehrgeiz auszahlt.[47] Damit die Kinder in der Schule erfolgreich sind, kommt es nicht auf die Stunden an, welche Eltern in die Hausaufgaben investieren, sondern vor allem auf ihr Engagement. Studien von Markus Neuenschwander und Daniel Hofstetter belegen, dass gut situierte Eltern die Notengebung relativ ausgeprägt beeinflussen können. Ihre Erwartungen und Überzeugungen tragen entscheidend dazu bei, ob das Kind eine Berufslehre absolviert oder das Gymnasium besucht. Der Einfluss geht noch weiter, denn Eltern spielen auch eine entscheidende Rolle im Hinblick auf die Noten der Kinder in Deutsch und Mathematik, die sie zu 30 bis 50 Prozent mitbestimmen.

Eher nein lautet die Antwort, wenn man die erstaunlich gute Passung von Elternerwartungen und kindlichen Bildungsverläufen kritisch hinterfragt. Gerade der Blick hinter die Fassade mancher Kinder mit Überleistersymptomen verdeutlicht, welchen Preis sie für gute Leistungen zahlen müssen, sowohl psychisch als auch physisch. Sie drehen ihre Runden im Hamsterrad, wobei einige dem standhalten können, manche aber nicht. Sie geraten spätestens in der Adoleszenz in einen Nebel der Erschöpfung.

Welche Schlüsse lassen sich aus solchen Erkenntnissen für die Praxis ziehen? Dass Elternengagement und -erwartungen grundsätzlich wichtig sind für Schulerfolg und Verhaltensanpassung. Aber diese Erkenntnis wird oft missbraucht, wenn Förderprogramme mit Slogans werben wie »Liebe Eltern, habt hohe Ziele für eure Kinder – und die Ziele werden wahr!« – Realistischer wäre die Botschaft: »Liebe Eltern, habt angemessene Ziele für eure Kinder. Zu hohe Erwartungen können ihre Leistungsentwicklung und ihr Wohlbefinden beeinträchtigen.« Entwicklungsangemessene Ambitionen wirken sich auf Kinder günstig aus, weil sie nicht überfordernd sind. Väter und Mütter, die sich realistisch und zugleich feinfühlig auf die Möglichkeiten ihres Kindes einstellen und sich fragen, wozu es fähig ist und wozu nicht, tun genau das Richtige.

Kapitel 9
Die Psychologie der Elternkontrolle

Unsere Angst- und Sicherheitsgesellschaft fordert Elternkontrolle geradezu ein. Deshalb ist sie eine im Alltag oft angewendete Strategie. Trotzdem spricht man nicht gern darüber, deshalb ist der Begriff unbeliebt.[48] Dies dürfte auch der Hauptgrund sein, warum es an einer grundsätzlichen und objektiven Diskussion mangelt.

Es gibt kaum Zweifel, dass sowohl die schulische als auch die familiäre Dauerkontrolle eine große Rolle in allen Belangen spielt, die mit Leistungen und kindlichem Selbstwertgefühl zu tun haben und sich auch auf die Haltung der Kinder zum Lernen auswirken kann. Ist Kontrolle gepaart mit Leistungsdruck, kann sie die Eigenmotivation sowohl in der Schule als auch in Freizeitaktivitäten beeinträchtigen, weil das Hauptaugenmerk auf dem Produkt liegt, beispielsweise auf den Noten, der Anzahl Soloauftritte im Ballett oder dem Stammplatz in der ersten Mannschaft im Fußball – aber kaum auf der Freude am Lernprozess.

In diesem Kapitel steht die Frage im Mittelpunkt, warum Elternkontrolle eine Folge unserer Sicherheitsgesellschaft geworden ist, was Elternkontrolle ist und wie sie mit überdimensionierten Hochleistungen von Kindern zusammenhängt. Wann ist Kontrolle positiv, wann negativ fürs Kind? Was bewirken verdeckte Kontrollen wie Belohnungen, Nachhilfe und die Überprüfung von Hausaufgaben, wenn es um möglichst gute Schulleistungen geht?

Das gefährdete Kind

Schon früh wird Eltern eingebläut, die Leistungen ihrer Kinder seien eng mit dem Ausmaß familiärer Kontrolle verbunden. Solche gesellschaftlichen Überzeugungen wirken wie eine Vorgabe und bilden den Hauptgrund, weshalb sich immer mehr Väter und Mütter in die schulischen Angelegenheiten der Kinder einbringen und sie kontrollieren. Deswegen Familien zu pathologisieren und sie als Helikoptereltern zu bezeichnen, wäre falsch. Es sind nicht die Familien selbst, welche die Elternkontrolle erfunden haben, dahinter steckt vielmehr eine Ideologie.

Eine Ideologie ist ein Konglomerat von Ideen, welche die Wahrnehmung von Menschengruppen dominieren und ihre Sichtweisen steuern. Wird ein solches Konglomerat von der Mehrheit der Menschen geteilt, bekommt es eine gewisse Symbolik. Und glaubt man, darin sogar ein Körnchen Wahrheit zu entdecken, gilt dies als Ideologie, auch wenn sie lediglich das Produkt bestimmter Überzeugungen ist. Eine »verantwortete Elternschaft«, die auf Dauerkontrolle des Nachwuchses basiert, ist zum Inbegriff einer solchen Ideologie geworden. Sie hat Auswirkungen auf die Qualität des Aufwachsens und die Entwicklung der Kinder. Diese Einsicht ist zwar überfällig, trotzdem wird sie wenig diskutiert. Und wenn dies schon der Fall ist, werden Elternängste, welche zu permanentem Kontrollverhalten führen, lediglich als Angst- oder Persönlichkeitsproblem einiger weniger Väter und Mütter bagatellisiert.

Das Problem ist jedoch viel umfassender, weshalb es einer fundierten Diskussion bedarf, die unsere Gesellschaft als Ganzes in den Blick nimmt. Denn Elternkontrolle wird durch eine Vielfalt an Einflüssen hervorgerufen. Ganz wesentlich ist das gesellschaftliche Bild vom Kind, das sich in den letzten Jahrzehnten massiv verändert hat. Galten Kinder noch in den 1990er-Jahren als stark und das Risiko als positiv, so überwiegt heute die Vorstellung, sie seien gefährdet und zerbrechlich, weshalb sie von Anfang an vor Schäden jeglicher Art beschützt werden müssen. Dieser Verwundbarkeitsgedanke und die damit verbundene fast zwanghafte Sorge um vulnerable Kinder hat auch auf das Bildungssystem übergegriffen. Kontrolle gilt als Merkmal vorbildlicher Eltern. Folglich führt diese unhinterfragte Annahme dazu, dass Eltern denken, sie würden das Kind vernachlässigen, wenn sie es nicht dauerhaft auf dem Radar hätten. Und tatsächlich gelten gerade diejenigen als verantwortungslos, die sich eigentlich normal verhalten, also weniger eingreifen und den Sprösslingen etwas zutrauen.

Kontrolle und das kindliche Selbstbewusstsein

Elternkontrolle ist ein Wort, das meist vermieden wird. Viel lieber spricht man vom Begleiten der Kinder. Auch in der Wissenschaft wird der Begriff Elternkontrolle diffus behandelt, am ehesten ist die Rede von »psychologischer Kontrolle«, »psychologischer Autonomie« oder von »autoritativem« versus »autoritärem« oder »laissez-faire-Erziehungsstil«. Ein Spezialfall ist der Ansatz der Selbstbestimmungstheorie von Edward Deci und Richard Ryan. Sie untersuchten Elternkontrolle unter dem Aspekt intrinsisch und extrinsisch motivierten Elternverhaltens und kamen zum Schluss, dass Kontrolle intrinsisch motivierter Elternhäuser eher zweitrangig ist.

Heute ist der Begriff Monitoring in aller Leute Munde. Zum einen versteht man darunter das Ausmaß, in dem die Eltern über Aktivitäten und Aufenthaltsorte ihrer Kinder Bescheid wissen (»informierendes Monitoring«). Zum anderen werden damit jene elterlichen Verhaltensweisen bezeichnet, die dazu dienen, Kinder zu überwachen (»kontrollierendes Monitoring«).[49] Dabei ist es eine empirische Tatsache, dass manche Familie unbeabsichtigt in eine dauerkontrollierende Haltung hineingerät, wenn es um Hausaufgaben und Schulleistungen geht, notabene auch dann, wenn der Erziehungsstil »Beziehung statt Erziehung« praktiziert wird.

Eine Untersuchung von Wendy Grolnick und ihrem Team zu den Auswirkungen des kontrollierenden im Gegensatz zu den Auswirkungen des autonomiefördernden Elternverhaltens liefert wichtige Hinweise für die unterschiedlichen Praktiken, wenn es um das Elternmonitoring geht. Das Experiment verlief so wie in Abbildung 7 dargestellt: 40 Mütter hatten mit ihren Drittklässlern zusammen einen Fragebogen mit schulähnlichen Aufgaben auszufüllen. Hierzu wurden sie in zwei Gruppen eingeteilt und die Mütter mit unterschiedlichen Anleitungen versehen. Die eine Hälfte (Gruppe A) wurde instruiert, dass ihr Kind in diesen Aufgaben bestimmte Standards erreichen sollte, die nachher überprüft und bewertet würden. Deshalb müssten sie dafür sorgen, dass das Kind gut abschneidet. Die andere Hälfte (Gruppe B) bekam die Anleitung, dass ihre Rolle ausschließlich unterstützender Art sei und die Ergebnisse lediglich als Feedback dienen würden. Deshalb würden Ratschläge genügen, wie das Kind arbeiten könne.

Gruppe A. Kontrolle ***»Sorgen Sie dafür, dass Ihr Kind gut abschneidet!«***	**Gruppe B. Autonomie-Unterstützung** ***»Geben Sie dem Kind nur Richtlinien, wie es arbeiten soll!«***
Ergebnisse **Mütter** • Hohe kontrollierende Haltungen • Hohes verbales Engagement **Kinder** • Schwächere Leistungen • Hohe Vergessensrate • Größere Angst der Kinder und negative emotionale Reaktionen • Kürzere Beschäftigung mit den Aufgaben und weniger Interesse	**Ergebnisse** **Mütter** • Wenig kontrollierende Haltungen • Hohes nonverbales Engagement **Kinder** • Bessere Leistungen • Niedrige Vergessensrate • Geringere Angst der Kinder und weniger negative Reaktionen • Längere Beschäftigung mit den Aufgaben und mehr Interesse
Auswirkungen • Niedrigere Selbsteinschätzung der fachlichen Kompetenzen • Niedrigeres Selbstbewusstsein	**Auswirkungen** • Höhere Selbsteinschätzung der fachlichen Kompetenzen • Höheres Selbstbewusstsein

Abbildung 7: Auswirkungen der Kontrolle auf die kindliche Selbsteinschätzung

Das Experiment verdeutlicht, dass die kontrollierenden Mütter der Gruppe A auf ihre Kinder einen größeren Druck ausübten als die Mütter der Gruppe B, welche eher zur Begleitung und damit zur Autonomieunterstützung angeleitet worden waren. Die Kinder dieser Gruppe erzielten bessere Lernergebnisse, zeigten größeres Interesse, eine höhere längerfristige Erinnerungsleistung, geringe Angst und beschäftigten sich länger mit den Aufgaben. Die Kinder unter genau kontrollierenden Lernbedingungen der Gruppe A bekundeten hingegen weniger Interesse, verspürten größere Angst und beschäftigten sich weniger lang mit den Aufgaben als Kinder der Gruppe B. Somit bewirkte der kontrollierende Fokus auf die Leistungen der Kinder nicht nur negative emotionale Reaktionen, sondern hatte auch einen ungünstigen Einfluss auf Selbsteinschätzung und Selbstbewusstsein.

Wenn aus Sorge Kontrolle wird

Die Grolnick-Studie belegt, dass ein autonomieunterstützender Erziehungsstil, also ein informierendes Monitoring, positive Auswirkungen auf Kinder und Jugendliche hat. Überwachendes Monitoring ist einer positiven Entwicklung abträglich. Trotzdem zwingt unsere Sicherheits- und Vergleichskultur Väter und Mütter dazu, die Kinder keine Sekunde aus den Augen zu lassen. Diese Kultur ist zu einer unhinterfragten Norm geworden und hat den gesunden Menschenverstand verdrängt. Aus Elternsorge ist Elternkontrolle geworden.

Auch manche Ratgeber sind Abbilder unserer Angst- und Sicherheitskultur. Viele vermeiden zwar das Wort Kontrolle, unterstreichen aber die Notwendigkeit, das Kind permanent im Blick zu haben. Dahinter steckt die implizite Botschaft, dass dies eine förderliche Erziehungsstrategie ist. Doch diese Strategie kann einer gesunden kindlichen Entwicklung nachhaltig schaden. Dauerkontrollierte Kinder werden oft unselbstständiger, leistungsängstlicher und weniger selbstbewusst. Verstärkt wird dies, wenn Eltern in bestimmten Situationen von »wir« sprechen, wie dies für das Beispiel des Schwimmers Pierre in Kapitel 2 zutrifft. Obwohl seine Mutter nur das Beste für ihn will, ist sie im Grunde genommen der Ansicht, er sei zu jung, um selbst zu wissen, was gut für ihn ist und was er will. Und sie ist überzeugt, er werde ihr später für den kontrollierenden Erziehungsstil danken.

Doch eine überwachend-kontrollierende Erziehung nimmt den Kindern die Möglichkeit, aus sich heraus und entsprechend ihren Fähigkeiten zu lernen. Eltern, die ständig eingreifen, weil sie von einem noch höheren Leistungspotenzial des Kindes überzeugt sind, vermitteln ihm die Botschaft, dass es nicht gut genug ist. Damit erreicht man möglicherweise das Gegenteil dessen, was beabsichtigt ist. Dies auch deshalb, weil Kontrolle nicht immer offensichtlich, sondern verdeckt ist. Dazu gehören besondere Anreize wie beispielsweise Geld für gute Noten.

Ein Zehn-Euro-Schein für ein gutes Zeugnis?

Kontrolle erzeugt bei den Kindern eine eher extrinsisch motivierte und sich auf Noten konzentrierende Haltung. Kann dieser Prozess in Form von Belohnungssystemen positiv verändert werden? Manche Menschen berichten rückblickend auf ihre Schullaufbahn, sie seien für gute Noten oder ein gutes Zeugnis mit einem Taschengeldzuschlag belohnt worden. Manchmal verweisen Eltern darauf, dass auch in der Arbeitswelt Geldprämien und Boni für gute Leistungen ja völlig normal seien. Allerdings besteht keine Einigkeit darüber, ob schulische Leistungen honoriert werden sollen. In unserer Franz-Studie gaben 60 Prozent der Eltern an, ihr Kind für das Schulzeugnis respektive für gute Noten zu belohnen, während 40 Prozent dieses System strikt ablehnten. Daraus lässt sich schließen, dass finanzielle Belohnungssysteme in der Erziehung weitverbreitet, aber auch umstritten sind.

Was sagt die Forschung hierzu? Laut der behavioristischen Modelle hat ein angenehmes Ereignis, wie etwa ein Lernerfolg durch gute Noten, dann eine positive Wirkung, wenn es positiv verstärkt wird. Solche Modelle gehen davon aus, dass Verhaltensweisen nicht mentale Zustände oder Prozesse sind, sondern ausschließlich Reaktion auf Reize. Nach dieser Auffassung werden Verhaltensweisen beispielsweise durch Belohnung angeregt oder verstetigt. Es werden somit Reize geschaffen, welche die erbrachten Leistungen oder auch das entsprechende Lernverhalten verstärken. Daraus folgt, dass eine in Aussicht gestellte finanzielle Belohnung für erfolgreiche Leistungen oder -anstrengungen dazu führen dürfte, dass sich das Kind mehr anstrengt und deshalb erfolgreicher wird. Im Gegenzug spricht man von negativer Verstärkung, wenn durch ein bestimmtes Verhalten ein unangenehmer Zustand in einen angenehmen Zustand umgewandelt und das entsprechende Verhalten dadurch ebenfalls verstärkt wird. Ein Beispiel: Eltern heben das Fernsehverbot auf, wenn das Kind zufriedenstellende Noten hat. Weil es auf diese Weise das Unangenehme beenden kann, wird es sich wahrscheinlich auf das Angenehmere konzentrieren, also auf gute Noten.

Doch in der Praxis funktioniert das nicht so einfach. Hierzu gibt es viele Studien, deren Ergebnisse nicht immer kongruent sind, aber zumindest in folgenden Punkten einen gemeinsamen Nenner haben:[50]

- Belohnungen können zwar die Leistungsbereitschaft erhöhen. Sobald die Belohnung jedoch aussetzt, verschwindet dieses Engagement wieder.
- Der Belohnungsstress führt dazu, dass sich Kinder und Eltern zu sehr auf das Ziel konzentrieren und sich deshalb verkrampfen. Die Belohnung lockt zunächst als Gewinn, doch sobald es um die eigentliche Aufgabe geht, kann die entstehende Angst zu einem Leistungseinbruch führen.

- Lernen unter Belohnungsbedingungen untergräbt die intrinsische Motivation. Weil der Belohnungsdruck von der eigentlichen Aufgabe ablenkt, legen solche Kinder den Fokus auf Ergebnis und Belohnung, aber kaum auf die Freude am Lernen. Eltern, welche persönliche Verantwortung für die Leistung ihres Kindes übernehmen und den Erfolg mit Belohnungen sicherstellen wollen, haben deshalb meistens Kinder, welche eher extrinsisch motiviert sind. Dies ist ein Grund, weshalb sich in solchen Fällen Belohnung positiv auswirken kann.
- Ist ein Kind intrinsisch motiviert, zerstört eine Belohnung diese Motivation. Es wird sich dann bald auf die Belohnung konzentrieren und die Leistungen darauf ausrichten. Dies zumindest behauptet der sogenannte Korrumpierungseffekt.[51] Gemeint ist damit, dass extrinsische Belohnungen die intrinsische Motivation schwächen oder gar zerstören können.

Zusammenfassend erhöht ein finanzieller Bonus die Wahrscheinlichkeit, dass die Kinder das tun, was Erwachsene wollen – gute Noten schreiben. An Leistungen geknüpfte Belohnungen haben oft Erfolg, aber sie führen meist lediglich zu kurzfristigen Änderungen und angepassterem Verhalten. Die kontinuierliche Anteilnahme an den schulischen Interessen und Leistungen des Kindes steigert die intrinsische Lernmotivation deutlich nachhaltiger als ein finanzieller Anreiz. Die Genugtuung über den Erfolg aus eigenem Antrieb ist tiefer, und auch das Selbstwertgefühl wird deutlich stärker angesprochen. Beide Aspekte fehlen vielen Überleistern.

Nachhilfe und Feriencamps als »Lerndoping«

Manche Eltern sind überzeugt, dass mit der richtigen Förderung und genügend Fleiß alles machbar sei. Deshalb steht bei ihnen externe Lernunterstützung hoch im Kurs. Heute bekommen 25 bis 35 Prozent der Schulkinder Nachhilfe – und seit der Corona-Krise nimmt der Anteil offenbar zu.[52] Nicht immer wird die Nachhilfe organisiert, weil Kinder in der Schule überfordert sind oder ein Sitzenbleiben aufgrund schlechter Schulnoten droht. Vielmehr geht es häufig um »Lerndoping«, definiert als Optimierung der Schulnoten mittels Nachhilfe, um den schulischen Erfolg sicherstellen zu können.

Die Bandbreite an Unterstützungsangeboten ist enorm, und zwar von der Grundschule bis zur Universität. Vom klassischen Nachhilfe-Programm für Grundschulkinder über Lernstudios als Vorbereitungsort für die Aufnahmeprüfung ins Gymnasium bis zum Sommerferienlernen gibt es unzählige Angebote. Lernunterstützung ist ein Millionengeschäft in einem hart umkämpften Markt geworden. Grundsätzlich ist Nachhilfe nicht per se schädlich und viele Kinder gehen sogar ausgesprochen gern dorthin. Das zeigt sich auch bei Sebastian. Allerdings sind die überfrachteten Pläne seiner Eltern zu viel für ihn.

»IN DEN FERIEN HÄTTE ICH LIEBER MEHR UNVERPLANTE ZEIT GEHABT«

Der zwölfjährige Gymnasiast Sebastian hat mehr als dreißig Stunden Schule pro Woche, und auch in der Freizeit ist er eigentlich immer am Leisten. Auf die Schule folgt an drei späten Nachmittagen das Training im Tennis. Zudem spielt er auf Wunsch der Eltern Klavier. Am Samstag besucht er regelmäßig die Nachhilfe, wobei er dies gerne tut, weil er seinen Lehrer dort mag und nun endlich gute Noten schreibt. Nach dem Abendessen geht er immer in sein Zimmer, um Hausaufgaben zu machen. Wenn er aber mit seinen Freunden chattet, hat er ein schlechtes Gewissen und lernt deshalb eine halbe Stunde länger.

Sebastian freut sich auf die freie Zeit in den Sommerferien. Aber die Eltern haben andere Pläne. Nach den Familienferien am Meer ist seine Zeit durchgetaktet. Er muss in ein Sommercamp zur Verbesserung seiner Fremdsprachenkenntnisse und anschließend in ein Tennislager, um endlich die *R7-R9-Klassifizierung* zu erreichen. Für Sebastian ist dies zu viel. Nach den Ferien wird er lethargisch. Die Mutter fragt fast jeden Tag, was mit ihm los sei. »Die Sommercamps waren mir zu viel«, antwortet er, »ich hätte lieber mehr unverplante Zeit gehabt«. Die Mutter antwortet: »Sei doch froh, du hast viel gelernt, von dem du jetzt profitieren kannst.«

Immer mehr Kinder müssen auch in den Ferien für die Schule lernen oder sich in Freizeitaktivitäten optimieren. Doch selten kommt der Impuls von ihnen, sondern wie bei Sebastian fast immer von den Eltern. Manche wollen das, weil die Noten nicht so gut wie erwartet sind. Andere, weil sie möchten, dass ihr Kind zu den Klassenbesten aufschließt. Doch viele Kinder träumen richtigen Sommerferien nach. Sebastian ist kein Einzelfall. 59 Prozent lernen in den Sommerferien. Zu diesem Ergebnis kommt eine Forsa-Umfrage[53], die Eltern schulpflichtiger Kinder befragt hat. 56 Prozent der Väter und Mütter besorgen spezielle Lernmaterialien für die Ferien. Und jedes dritte Kind, das regelmäßig in den Ferien lernt, investiert dafür mehr als vier Stunden pro Woche.

Selbstverständlich kann Lernen gegen Ende der Ferien sinnvoll sein und auch Spaß machen. Denn aus Studien zu langen Sommerferien ist bekannt, dass Kinder einen Teil des Lernstoffes vergessen und danach wieder auf einem tiefen Niveau anfangen müssen.[54] »Sommerschmelze« oder »Sommerlocheffekt« nennt dies die Forschung. Allerdings dürfte bei Überleistern wie im Beispiel von Sebastian die Vergessensproblematik ein eher geringeres Problem sein als einmal abzuschalten und andere Dinge zu tun, als sich mit Schulstoff zu befassen. Solchen Kindern fehlt die Möglichkeit, sich in den Ferien von den anstrengenden Schulwochen zu erholen und Abstand vom sozialen und persönlichen Druck zu gewinnen. Genauso mangelt es ihnen an anregenden Ferienerlebnissen jenseits von Leistungsdruck und Wettbewerb.

Kapitel 10
Gute Noten für die Zuneigung der Eltern

Wovon hängt es ab, ob eine Erstklässlerin zu den guten Schülerinnen gehört oder ein Schüler am Ende seiner Grundschulzeit in die Hauptschule oder ins Gymnasium kommt? Natürlich von der Leistung, sprich den Schulnoten – so denken die meisten. Nicht nur, lautet die Antwort. Hohe Elternerwartungen sind zwar förderlich, sind sie aber zu hoch und mit permanenter Kontrolle gepaart, können sie schädlich werden.

Doch die gravierendste Konsequenz ist die Verknüpfung von Leistung, Elternliebe und Gegenleistung des Kindes in Form guter Noten. Eltern, welche für den Erfolg ihres Kindes alles tun und sich mit ihm identifizieren, möchten als kompetente und erfolgreiche Familie auftreten. Deshalb sind sie enttäuscht, wenn die Leistungen nicht ihren Erwartungen entsprechen. Die Kinder spüren dann, dass Liebe und Anerkennung an gute Noten geknüpft sind. Das kann zu einem Teufelskreis führen. Dieses Kapitel untersucht die Zusammenhänge von elterlichen Ambitionen und kindlichem Wohlbefinden, die sich auch im Liebesentzug als stärkster Form von Elternkontrolle äußern können. Zudem geht es um die Frage des »Mutter-Effekts«.

Ambitionen und kindliches Wohlbefinden

Hohe Bildungsambitionen wirken sich günstig auf die kindliche Leistungsentwicklung aus. Dies ist auf den ersten Blick nicht erstaunlich. Vielmehr ist es naheliegend, dass ambitionierte Eltern ihre Kinder gezielt unterstützen und fördern. Das war das Fazit von Kapitel 9, wobei aber auch auf die Problematik hingewiesen wurde, dass Kinder auf ein zu hohes Niveau gepusht werden können und der Weg dorthin mit enormen Anstrengungen verbunden ist.

Kinder erbringen dann bessere Leistungen, wenn die Ambitionen nicht unrealistisch hoch sind und Väter und Mütter realistische Hoffnungen in sie setzen. Überambitionen können Schulerfolg sowie Wohlbefinden behindern und aus Kindern Überleister oder Self-Handicapper machen[55], die sich geschickt künstliche Hindernisse für den Fall schlechter Leistungen zurechtlegen. Auf diese Weise können sie die Erwartungen der Eltern aufrechterhalten, ohne sie zu enttäuschen. Doch hintergründig bezahlen sie dies oft mit einem angeschlagenen Wohlbefinden. Self-Handicapper haben nicht die Bedingungen, um Freude am Lernen und an den eigenen Leistungen zu entwickeln. Sie sind permanent darum besorgt, Ausreden bereit zu haben, wenn sie nicht dem entsprechen, was von ihnen erwartet wird.

Der »Mutter-Effekt«

Die Praxis des überwachenden Elternmonitorings hat eine hohe Messlatte. Anne Lareau und Anne Cox sprechen von *concerted cultivation,* das heißt von der gezielten Kontrolle und Optimierung des Kindes mittels vielfältiger Förderanstrengungen. Sharon Hays und Virginia Caputo legen das Hauptaugenmerk eher auf das *intensive mothering* und meinen damit, dass sich gut gebildete Mütter besonders intensiv um die Betreuung und Förderung des Nachwuchses bemühen. Auch unsere Untersuchungen belegen, dass Mütter eine zentrale Rolle spielen, weil sie mehrheitlich für das Familienmanagement hauptverantwortlich sind. Hat die Mutter einen akademischen Bildungsabschluss und die Familie ein hohes Haushaltseinkommen, bekommen die Kinder mehr außerfamiliäre Förderung, eine bessere Hausaufgabenbetreuung und auch mehr familienexterne Lernunterstützung.[56]

In den letzten Jahren ist das Bildungsniveau der Mutter bedeutsamer geworden, weil immer mehr Studien die Hauptverantwortung vieler Mütter für das Familienmanagement herausstreichen. In der Regel verbringen sie mehr Zeit mit ihren Kindern, vor allem in den für die frühe Entwicklung wichtigen ersten Lebensjahren des Kindes. Edward Melhuish kommt zum Schluss, dass die Erfahrungen des Kindes und die erzieherischen Faktoren rund um die schulische und außerschulische Bildung wichtiger sind als die Gene. Deshalb spricht er von einem »Mutter-Effekt«. In der Längsschnittstudie zur Wirkung verschiedener Faktoren auf die kognitiven Leistungen von zehnjährigen Schulkindern waren im Vergleich zum Geburtsgewicht, zum Geschlecht oder zum Familieneinkommen der Bildungsstand der Mutter und ihre Erwartungen am stärksten mit den Leistungen der Kinder gekoppelt, doppelt so stark wie der Bildungsstand des Vaters und um ein Viertel stärker als der Besuch eines frühen Förderangebots. Edward Melhuish kommt darum zum Schluss: Was Eltern respektive Mütter tun, ist wichtiger, als wer sie sind. Allerdings ist es keine Frage, dass die Beziehung zwischen Vater und Kind genauso wichtig ist wie diejenige der Mutter zum Kind. Doch ist es problematisch, wenn Väter die *concerted cultivation* weiter verstärken und dadurch eine noch angestrengtere Familienatmosphäre entstehen lassen, die sich zu einem Teufelskreis entwickeln kann. Dieser Teufelskreis ist in Abbildung 8 dargestellt.

Zunächst einmal geben Mütter und Väter alles. Sie sind fest davon überzeugt, ihr Kind optimieren zu müssen, weil dies in unserer Gesellschaft so üblich geworden ist und von der Schule erwartet wird. Sie unterstützen es, wo sie nur können, halten es zum Lernen an, kontrollieren die Hausaufgaben, schicken es in Förderkurse und pflegen einen engen Kontakt zur Schule. Treten trotzdem Probleme auf, suchen sie den Grund meist bei anderen (der Lehrperson, der Trainerin, den anderen Kindern). Manche Väter und Mütter sehen lediglich ihre eigene Perspektive und versuchen kaum, ihre hohen Ansprüche selbstkritischer zu hinterfragen. Weil sie mit diesem einseitigen Blick die tatsächliche Problematik schlecht erkennen können, erhöhen sie den Druck aufs Kind. Vielleicht stellen sie ihm Belohnungen in Aussicht oder organisieren weitere Lernunterstützung. Doch auch in dieser Situation wollen sie Bestleistungen, weshalb der Teufelskreis von Neuem beginnt.

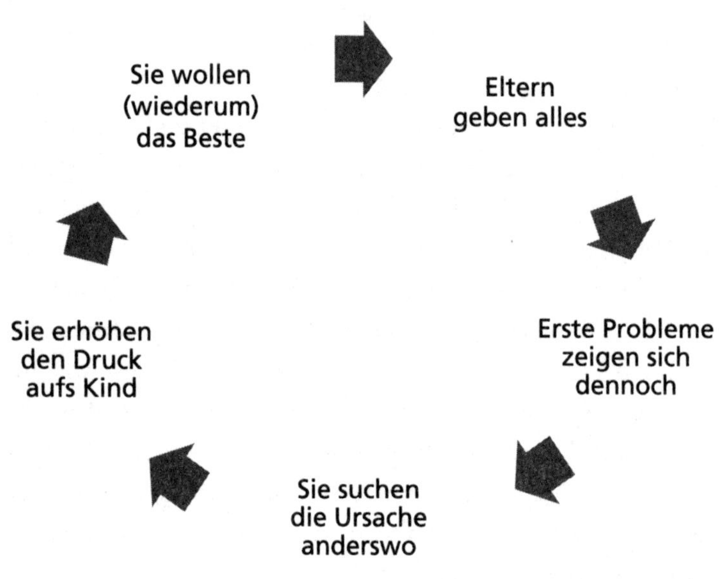

Abbildung 8: Der Teufelskreis des intensiven Erziehungsstils

Liebesentzug als schärfste Form von Strafe

Der intensive Erziehungsstil hat einige Achillesfersen. Weil sowohl Elternkontrolle als auch Autorität als böse Wörter gelten und deshalb aus dem Vokabular verbannt werden, versuchen Eltern, sie zu vermeiden, allerdings oft unter Zuhilfenahme von Mechanismen widersprüchlichen Verhaltens in Form des Liebesentzugs. Er gilt als psychologische Kontrollstrafe, die massiv unterschätzt wird. Zum Liebesentzug gehören Strategien wie Desinteresse am Kind signalisieren, abwertende Bemerkungen machen, ihm Verantwortung zuweisen, weil man so viel für es tut, oder seine Präsenz ignorieren. Dazu kommen neuere Formen von Liebesentzug, etwa, wenn Kinder jeden Abend vom Babysitter zu Bett gebracht werden, weil Papa und Mama so viel arbeiten, oder wenn kranke Kinder allein zu Hause bleiben müssen. Die Kosten des Liebesentzugs sind hoch, weil er das Selbstwertgefühl des Kindes beschädigt und ihm durch Manipulation sein Ungenügen vor Augen geführt wird, psychisch, intellektuell oder sozial. Liebesentzug ist die schärfste Form von Strafe mit einem großen Gefahrenpotenzial. Er ist so schlimm wie ein Klaps auf den Hintern. Die Praktiken des Liebesentzugs belasten nicht nur Kinder enorm, sondern in der Regel auch Eltern, obwohl sie ihn oft genauso vertuschen wie die Körperstrafe.

Gerade in stark kontrollierenden und auf gute Schulleistungen ausgerichteten Familien dürfte der Liebentzug stärker verbreitet sein als in Familien, welche eher auf eine ganzheitliche Entwicklung des Kindes achten. Anhaltspunkte liefert der Typ 1 unserer Analyse in Kapitel 5, »Die zum Erfolg Geführten«. Diese Kinder berichten besonders ausgeprägt von hoher Elternkontrolle und wie wichtig es ihnen ist, gute Noten zu haben, damit Papa und Mama mit ihnen zufrieden sind. Ansätze für verdeckte Strafmaßnahmen in Form von Liebesentzug finden sich auch in den Fallbeispielen von Pierre und Helena (Kapitel 2 und 4).

Weshalb sind solche Kontrollstrafen heute wahrscheinlich stärker verbreitet als vor zwanzig Jahren?[57] Unter anderem deshalb, weil die psychologische Bedeutung des Kindes stark zugenommen hat, Macht und Autorität der Eltern jedoch wegfallen oder zumindest stark erodieren. Besonders auffallend ist, dass Autorität meist unhinterfragt ausschließlich mit Körperstrafe verbunden wird. Deshalb versuchen Väter und Mütter, die Kinder partnerschaftlich zu erziehen – allerdings unter Zuhilfenahme von Praktiken des Liebesentzugs. Er ist somit in erster Linie eine Folge veränderter Erziehungspraktiken und der – zurecht – diskreditierten Körperstrafe.

Wie kann ich meinen Eltern weniger Sorgen bereiten?

Die Konzentration der Eltern auf das zu optimierende Kind kann den Effekt haben, dass die Kinder von ihnen abhängig werden. Sie spüren, dass Mama und Papa sie als anstrengend empfinden. Deshalb fragen sie sich manchmal heimlich: Was kann ich tun, damit ich meinen Eltern weniger Sorgen bereite? Kinder möchten, dass die Eltern auf sie stolz sein können und sie ihnen Freude bereiten.

Eigentlich müsste das Kind den Schulerfolg als eigene Leistung verstehen. Doch nehmen ihn die Eltern persönlich und erwarten sie vom Kind ganz selbstverständlich gute Noten, senden sie ihm unbewusst die Botschaft, dass es nicht scheitern darf. Julie aus Kapitel 5 ist ein Beispiel für diese Situation. Das Mädchen ist zwar bis jetzt nie gescheitert, trotzdem weiß es intuitiv, wie wichtig der Erfolg für seine Eltern ist und wie viel er ihnen bedeutet. Nicht nur bei Julie, sondern bei vielen Kindern führt dies zu mehr Ängstlichkeit.

Mit einiger Wahrscheinlichkeit ist das Wohlbefinden von Kindern, die einer umfassenden Elternkontrolle ausgesetzt sind, risikobehaftet. Alice Miller hat schon vor Jahrzehnten in ihren Büchern *Am Anfang war Erziehung* oder *Das Drama des begabten Kindes* ihre Erfahrungen mit therapierten Kindern dargelegt. Trotz Wohlstand und Erfolg haben sie gespürt, dass ihre erreichten Leistungen nicht die eigenen waren, weil sie primär die elterlichen Erwartungen erfüllen wollten. Doch waren sie als Erwachsene im Rückblick davon überzeugt, dass dies ihr Selbstwertgefühl eher negativ beeinflusst hatte.

Auch in Familien, die ein harmonisches Zusammenleben pflegen, können sich die Kinder unbewusst als Belastung für die Eltern empfinden. Erwähnt die Mutter gegenüber Dritten, dass sie nur wegen der Kinder zu Hause bleibt oder weniger arbeitet, als sie möchte? Empfindet sie das tägliche Herumfahren des Nachwuchses zu Schule und Freizeitaktivitäten als zusätzliche Belastung? Vermittelt der Vater den Eindruck, dass der Beruf ständiger Druck bedeutet, weil er für die finanziellen Auslagen für die Privatschule aufkommen muss? Werden finanzielle Sorgen rund um die Ausbildung des Nachwuchses zum täglichen Gesprächsthema?

Gute Leistungen als Indikator für Anerkennung

Die härteste Konsequenz von Kontrolle ist die Verknüpfung von Elternliebe, Leistung des Kindes und Gegenleistung der Eltern. Starten Mütter und Väter früh mit kontrollierendem Monitoring, sind Druckversuche nicht weit entfernt, und damit auch die kindliche Sorge, den Erwartungen nicht genügen zu können. Kinder lernen schnell, welches die Agenda der Eltern ist. Spüren sie, dass gute Leistungen für Mama und Papa besonders wichtig sind, versuchen sie, auf diesem Weg ihre Liebe und Anerkennung zu gewinnen. Die Verbindung von guten Leistungen und Elternliebe mag ein Grund dafür sein, dass sich Überleister und Self-Handicapper weder an guten Noten wirklich erfreuen können, noch zufrieden sind mit ihrer harten Arbeit oder den Hindernissen, die sie überwunden haben. Vielmehr sind sie abhängig von der sozialen Anerkennung. Gute Leistungen sind ein Indikator für ihren Wert als Mensch. Dementsprechend gewichten sie Noten, Zertifikate oder andere externe Rückmeldungen besonders stark. Doch ihre Selbstzweifel machen sie unsicher, ob sie überhaupt fähig zum Erfolg sind. Kinder, die versuchen, die Leistungen zu erbringen, die von ihnen erwartet werden, um so die erhoffte Zuneigung zu bekommen, sind oft willensstark, haben aber in der Regel kein hohes Selbstwertgefühl.

Je mehr ein Kind versucht, eine gute Leistung zu zeigen, desto bedeutsamer wird die Vermeidung von Fehlern. Hört es die Botschaft der Eltern »Wir wussten schon immer, dass du das kannst – wenn du dich anstrengst«, ist die Angst vor der nächsten Herausforderung doppelt so groß. Solche Kinder lernen schnell, dass sie als leistungs*perfekte* Jungen oder Mädchen die Aufmerksamkeit der Erwachsenen gewinnen können und dies ein Weg zur Verhinderung von Zurückweisung sein kann. Aus diesem Blickwinkel wird Überleistung zwar zu einem positiven Coping-Mechanismus, doch er überstrapaziert die Eltern-Kind-Beziehung. Das Beispiel von Valentin steht stellvertretend dafür.

»ICH MÖCHTE MEINE ELTERN NICHT ENTTÄUSCHEN«

Valentin ist ein ausgesprochen guter und pflichtbewusster zwölfjähriger Schüler, der sehr viel lernt und darüber hinaus dreimal pro Woche ins Judo geht und seit Neuestem auch Schlagzeug spielt. Die Eltern, beides Ärzte, sind von der Außergewöhnlichkeit Valentins überzeugt.

Sie beschreiben ihn als anhänglichen, sensiblen und introvertierten Jungen, der alles richtig machen möchte und seinen Pflichten gewissenhaft nachkommt.
Doch plötzlich ist Valentin ständig müde, schläft aber trotzdem schlecht. Er geht widerwillig zur Schule und zieht sich danach in sein Zimmer zurück. Seine Eltern sind überzeugt, es mache sich eine Lernstörung bemerkbar. Eine diagnostische Abklärung bestätigte dies aber nicht. Erst eine intensive Familienberatung führt den Eltern vor Augen, dass Valentin ihren hohen Ansprüchen genügen und sie stolz machen möchte. Diese Einsicht setzt bei ihnen einen Prozess in Gang, der Valentin nach und nach die Kraft gibt, seinen Leidensweg zu beenden.
Heute ist Valentin kein Überleister mehr. Er ist ein guter Schüler, der »nur« noch Schlagzeug spielt. Trotzdem ist er deutlich ausgeglichener, mit sich selbst zufriedener und von der Elternliebe unabhängiger.

Elternsorgen können sich im Kind spiegeln

Kinder sind Seismografen. Wenn sich Mama und Papa ständig über sie Sorgen machen, spüren sie das genau und werden möglicherweise in eine problematische Richtung gedrängt. Äußern Väter und Mütter ihnen gegenüber ständig Sätze wie »Das kann man doch einfach!« oder »Gib dir Mühe, das Nachbarskind ist besser als du!«, interpretieren dies Kinder so, dass sie nicht gut genug und die Eltern nicht zufrieden sind. Je öfter sie das zu hören bekommen, desto weniger selbstbewusst fühlen sie sich.

Gestresste, reizbare und ungeduldige Eltern können zur Verstärkung solcher Mechanismen beitragen. Kinder sind zwar im Allgemeinen mit ihren Eltern sehr zufrieden, und Gegenteiliges ist eher die Ausnahme.[58] Doch alle Kinder möchten glückliche Eltern. Darum versuchen sie, ihnen einen Teil der Last abzunehmen und sich entsprechend zu verhalten – beispielsweise mit Leistungen, die ihre Kapazitäten eigentlich übersteigen. Eltern verstehen oft nicht, dass sich ihre Gefühle und hohen Ansprüche auf die Kinder übertragen können. Manchmal sind Mütter und Väter – wie die Beispiele von Jan oder Cornelia in Kapitel 8 deutlich machen – sogar enttäuscht, dass ihr Kind so angestrengt ist, obwohl sich aus ihrer Sicht »objektiv« gar keine Gründe finden lassen. Am schwierigsten ist es für solche Kinder, dass sie von den Eltern abhängig werden und nicht mehr zwischen der eigenen Leistung und dem Engagement von Mama und Papa unterscheiden können.

IV
DAS AUTHENTISCHE KIND

Unsere Gesellschaft muss Überleistung nicht nur thematisieren, sondern ihr auch mit einem Perspektivenwechsel begegnen. Ziel sind das authentische Kind und seine Rechte. Erstens geht es um seine Potenzialentfaltung. Dieses Recht richtet sich an Bildungspolitik und Schule. Zweitens geht es um das Recht des Kindes, durchschnittlich sein und hin und wieder scheitern zu dürfen. Hier steht das Elternhaus in der Pflicht. Drittens hat das Kind ein Recht auf die Entwicklung von Lebenskompetenzen. Dafür braucht es Erwachsene, die sich von der Überzeugung emanzipieren, Optimierung und Maximierung von Leistung sei das höchste Ziel von Bildung.

Kapitel 11
Grundlagen für eine authentische Entwicklung

In allen Systemen durchdringen Leistungsdenken und Erfolgsstreben die menschliche Interaktion, im Betrieb und in der Freizeit, in Schule und Familie. Diese Erfolgsorientierung basiert auf der Überzeugung, Menschen seien in der Lage, alle Ressourcen zur Leistungsmaximierung zu aktivieren und sich dauernd zu optimieren. Damit dies bereits kleinere Kinder in der Praxis umsetzen können, müssen sie in Förderkursen, in der Kita und zu Hause zielorientiert, engagiert und permanent unterstützt, gefördert und überwacht werden. Dass solche Vorstellungen fraglich sind, ist in den bisherigen Ausführungen deutlich geworden. Doch sind es beileibe nicht nur die Elternhäuser, die zu ehrgeizig sind, sondern in erster Linie Gesellschaft und Bildungssystem. Sie beeinflussen Familien derart, dass sie bereits in der frühen Kindheit die Optimierungsmentalität übernehmen.

Nötig ist ein grundsätzlicher Perspektivenwechsel hin zum »authentischen Kind«. Das ist das Thema dieses Schwerpunkts. Ein solcher Perspektivenwechsel basiert auf dem Verständnis von Erziehung und Bildung, welche die Entwicklung kindlicher Autonomie unterstützt. Das theoretische Fundament bilden die Arbeiten von zwei Wissenschaftlern, die im ersten Drittel des zwanzigsten Jahrhunderts gewirkt haben, doch heute wieder stark beachtet werden[59] und zur Bildung und Erziehung von authentischen Kindern in unserer Hochleistungsgesellschaft einiges Wertvolles beizutragen haben. Es sind dies der Pädagoge, Arzt und Schriftsteller Janusz Korczak und der der Psychologe Lew Wygotski. Korczak gilt heute international als einer der bedeutendsten Pädagogen und als Wegbereiter der Kinderrechte. Sein »Recht des Kindes auf den heutigen Tag« ist pädagogisches Allgemeingut geworden, wenn es um »gute Kindheit« geht – allerdings häufig ohne Korczak zu erwähnen. Lew Wygotskis Theorien gehören heute in Schulpädagogik, Sonderpädagogik und Frühpädagogik zur Pflichtlektüre, unter anderem deshalb, weil sie den vorherrschenden Meinungen widersprechen. Während in der Pädagogik das Kind als Individuum im Mittelpunkt der Betrachtung steht, bezieht Wygotski immer den sozialen und kulturellen Kontext in die Analyse ein (»soziokultureller Ansatz«). Zwar betont er auch die Selbstentfaltung des Kindes und das selbsttätige Lernen, doch als bedeutsamer erachtet er die Interaktionen mit älteren Personen, die eine Modellfunktion übernehmen können. Darum spricht er pädagogischen Fachkräften und Eltern eine aktivere und führende Rolle zu.

Das Recht des Kindes auf den heutigen Tag

Janusz Korczak (1878 bis 1942) war der erste Pädagoge, der eine Charta der Menschenrechte für das Kind forderte, lange vor der Ratifizierung der UN-Kinderrechtskonvention von 1989. Darin formuliert er verschiedene Grundrechte. Mit Blick auf die Überleisterproblematik sind zwei Rechte zentral: das Recht des Kindes auf den heutigen Tag und das Recht, dass es das sein darf, was es ist. In der UN-Kinderrechtskonvention werden Korczaks Gedanken zumindest teilweise aufgenommen: Neben dem Recht auf Bildung, dem Recht auf Spiel und dem Recht auf Privatsphäre ist dort auch festgehalten, dass es ein Recht der Kinder auf den heutigen Tag gibt.

Korczak gibt in seinen Schriften manche Hinweise, woran sich Schule und Elternhaus orientieren und worauf sie hinarbeiten können, damit Kindern gegenüber das Recht auf den heutigen Tag und das Recht, das zu sein, was sie sind, umgesetzt werden können. Das erste Recht basiert auf der Forderung, dass Bildung und Erziehung die Gegenwart, in der das Kind lebt, ernster nehmen und nicht immer nur die Zukunft im Blick haben sollen. Die Kindheit ist ein autonomes Stadium im Hier und Jetzt. Mit dem zweiten Recht fordert Korczak, dass Schule und Elternhaus die Persönlichkeit des Kindes akzeptieren. Kinder sind Menschen mit einem eigenen Charakter, der nicht manipuliert werden darf. Erwachsene können dem Kind am meisten mit auf den Weg geben, wenn sie es im Kern so annehmen, wie es ist, und ihm – trotz vielleicht notwendiger Unterstützungsmaßnahmen – das Recht einräumen, auch scheitern zu dürfen. Deshalb ist es auf Eltern und Betreuungs- respektive Förderpersonen angewiesen, die Unsicherheiten und Fehlschläge ertragen können. Gleiches gilt für Lehrkräfte, welche in ihrem Unterricht eine Fehlerkultur integrieren und ihre Schülerinnen und Schüler anleiten, wie man mit Fehlern umgeht und aus ihnen lernt.

Die Wertschätzung der Einmaligkeit des Kindes

Für Korczak ist die Achtung vor dem Kind eine grundsätzliche pädagogische Kategorie. Diese Achtung ist nicht nur ein Fundament der Rechte des Kindes, sondern auch ein Teil des Verhältnisses von Erwachsenen und Kindern. Das rechte Maß zwischen Zuwendung und Erwartungshaltungen pendelt sich ein zwischen der Achtung vor dem heutigen Tag und der nicht planbaren Zukunft des Kindes unter Berücksichtigung seiner Persönlichkeit.

Korczaks Pädagogik zielt in radikaler Weise auf die Selbstständigkeit des Kindes. Dazu muss es auf überfachliche Kompetenzen zurückgreifen können. Solche Lebenskompetenzen sollen ausgebaut und gefestigt werden, damit Kinder in Schule und Familie selbstbestimmende Akteure werden können, ohne »durch ein Zuviel an

Nähe oder ein Zuwenig an Distanz manipuliert [zu] werden«[60]. Die Achtung gegenüber dem Kind umfasst zwei Dimensionen: seine Kompetenzen ungeachtet des Alters sowie seine Einmaligkeit.

Eine spezifische Bedeutung haben Korczaks Ausführungen für den Umgang mit überleistenden Kindern. Wenn er bemängelt, dass Erwachsene in den Kindern nur Schwächen und Defizite sehen, sie dauernd zu besseren Leistungen antreiben und sich dabei selbst immer als positive Vorbilder präsentieren, sind das Hinweise, die genauso aus aktuellen Studien stammen könnten. In Korczaks Verständnis von Bildung und Erziehung kommt es nicht auf die Selbstsicht der Erwachsenen an, sondern auf die selbstkritische Betrachtung der Auswirkungen des eigenen Handelns auf das Kind. Dass in der Beziehung zwischen dem Erwachsenen und dem Kind das gegenseitige Recht auf Achtung nicht verletzt werden darf, ist bis heute gültig und gilt spezifisch für die Überleisterthematik. Kinder gedeihen, wenn Eltern und Lehrpersonen ihnen eine positive Lern- und Beziehungsumgebung zur Verfügung stellen.

Sowohl für Lehrkräfte als auch für Väter und Mütter bedeutet dies, Ambitionen auf den Tisch zu legen und verzerrte persönliche Einschätzungen, Überzeugungen und Erwartungen zu erkennen. Das ist keine einfache Arbeit, aber wer gewillt ist, reflektiert und ehrlich zu sein, wird davon profitieren – und damit auch die Kinder. Schule und Elternhaus, die auf die Seelen der Kinder Rücksicht nehmen, statt blinde Optimierung zu verfolgen, und sie Wurzeln schlagen lassen, statt nur den kindlichen Erfolg zu zelebrieren, entwickeln eine Achtung vor dem einmaligen Kind.

Die Zone der nächsten Entwicklung als fördernde Aktivierung

Mit dem Recht des Kindes auf den heutigen Tag meint Korczak nicht nur, dass das Kind im Hier und Jetzt angenommen werden soll. Genauso betont er die Pflicht von Schule und Elternhaus, es mit Rücksicht auf seine Individualität so zu bilden und zu fördern, dass es sich seinem Potenzial und Temperament entsprechend entwickeln kann.

Dieses »Wie« hat der Psychologe Lew Wygotski[61] (1896 bis 1934) erläutert. Er war einer der einflussreichsten Psychologen seiner Zeit, der sich intensiv mit pädagogischen Fragestellungen beschäftigte. Die Schule verstand er – heute könnte man auch die familiäre Förderung sowie externe Förderangebote einbeziehen – als soziokulturelles System, das von innen durch Erwachsene und Kinder geschaffen und von außen durch die Umwelt gestützt wird. Mit anderen Worten: Gesellschaft und Kultur beeinflussen das Bild vom Kind, das sich pädagogische Fachkräfte und Eltern von ihm machen, genauso ihre Erziehungs- und Bildungsziele sowie ihre Werthaltungen. Auf diese Weise werden auch das Denken des Kindes und seine Persönlichkeit geprägt.

Für die Thematik überleistender Kinder ist Wygotskis Begriff der »Zone der nächsten Entwicklung« das Herzstück. Er hat sie als »das Gebiet der noch nicht ausgereiften, jedoch reifenden Prozesse (…) des Kindes« bezeichnet.[62] Deshalb muss ihm eine Umgebung zur Verfügung gestellt werden, die Herausforderungen bereithält, seine Voraussetzungen angemessen berücksichtigt und so seine Entwicklung fördert – ohne sein Potenzial auszupressen. Wygotski spricht dabei von »Zu-Mutungen«, die Grundlagen einer fördernden und kognitiven Aktivierung sind.[63]

Die Fähigkeitsentwicklung des Kindes ist dann gegeben, wenn Förderung und Unterricht der kindlichen Entwicklung etwas vorausgehen. Sind Fördermaßnahmen auf dem aktuellen Entwicklungsniveau angesiedelt, lernt es kaum etwas dazu, liegen sie oberhalb der Zone der nächsten Entwicklung, ist das Kind überfordert und reagiert frustriert. Abbildung 9 verdeutlicht, wie ein entwicklungsförderlicher Lernprozess aussieht und gestaltet werden kann. In der Zone der aktuellen Entwicklung ist das Kind in der Lage, Aufgaben selbstständig und ohne Unterstützung zu bewältigen. Während der Förderung bewegt es sich in die »Zone der nächsten Entwicklung«. Durch angemessene Unterstützung wird aus dieser Zone auf einem höheren Niveau eine neue »Zone der aktuellen Entwicklung«. Nun kann das Kind wieder Aufgaben selbstständig bewältigen. Bei einem solchen Verfahren wird es optimal unterstützt und nicht durch zu hohe Anforderungen entmutigt, wie dies für viele Überleisterkinder zutrifft.

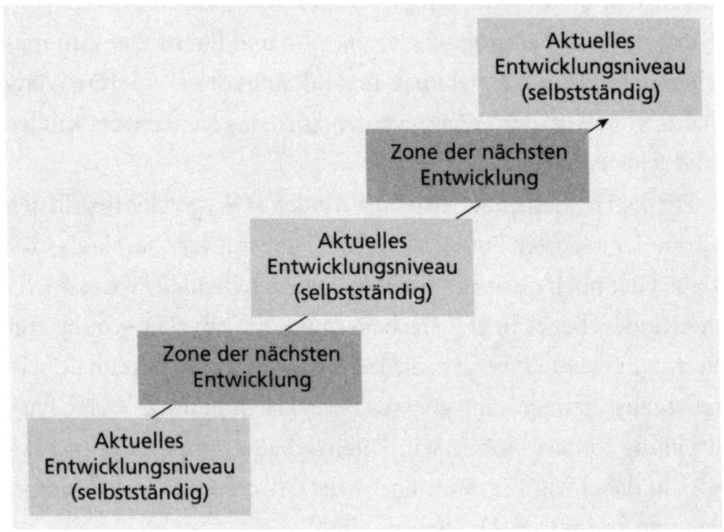

Abbildung 9: Wygotskis Konzept der Zone der nächsten Entwicklung (1987)

Weder Überforderung noch vorschnelle Hilfe

Durch die Zone der nächsten Entwicklung werden beim Kind viele Entwicklungsprozesse angekurbelt, die es zunächst nur in der Wechselwirkung mit der Umgebung meistern kann. Weil Anregungen immer ein wenig der Entwicklung vorauseilen sollten, dürfen weder Schule noch Elternhaus das Kind überfordern. Bleibt diese Entwicklungsangemessenheit unberücksichtigt, sind Leistungsdruck und Stress wahrscheinlich. Ein Kind wird gestresst, wenn es sich mit Erwartungen konfrontiert sieht, die über oder unter seinen Fähigkeiten liegen. Deshalb kann es Symptome von Über- oder Minderleistung entwickeln. Wichtig ist darum, seine Entfaltungsmöglichkeiten zu aktivieren, ohne die Entwicklung atemlos zu forcieren. Wygotski unterstreicht die besondere Bedeutung von Pädagoginnen und Pädagogen respektive von Vätern und Müttern: Sie sollen nicht in die Rolle der belehrenden Lehrperson oder der vorschnellen Hilfestellenden geraten.

Es liegt somit auch an der Intuition und am Geschick der Erwachsenen, dem Kind Angebote zu machen, die der Entwicklung etwas vorauseilen. Genau dieses »Etwas« entspricht einer entwicklungsfördernden Bildung und Erziehung. Es wäre somit eine falsch verstandene Beziehung, wenn die Pädagogin oder der Vater dem Kind vorsagen würden, was richtig ist oder was es als Nächstes tun muss. Auf diese Weise entstehen schnell Überforderungsgefühle. Dies kann sich in negativen Selbstbildern und hohen Selbstzweifeln äußern – wie dies für Überleister charakteristisch ist.

Vom überleistenden zum authentischen Kind: Leitideen nach Korczak und Wygotski

Welche Beiträge von Korczak und Wygotski können einen Weg aus der überfordernden Leistungsspirale aufzeigen? Es sind vor allem die folgenden Eckpunkte, die den Weg für eine Pädagogik ebnen, welche das authentische Kind zum Ziel hat.

Erwachsene sollten Korczak entsprechend ihren Umgang mit dem Kind immer unter Berücksichtigung der eigenen Lebensgeschichte gestalten und sich auf die persönlich erlebten Frustrationen, Erwartungen und Hoffnungen besinnen. Darüber hinaus sollten sie sich bemühen, das Kind vor Einengungen, Verfremdungen und Überforderungen zu schützen. Auf diese Weise schaffen sie eine angstfreie Grundlage, damit das Kind in kleinen Schritten lernen kann, Autonomie, Selbstständigkeit und Selbstvertrauen zu entwickeln und in der Welt zu bestehen. Egal, ob im Bildungssystem, in der Schule oder im Elternhaus: Erwachsene tun gut daran, ihre Bildungs-, Erziehungs- und Förderanstrengungen auf dem Bewusstsein aufzubauen, dass jedes Kind einmalig und eigenen Entwicklungsgesetzen unterworfen ist. Diese Gesetze kann man nicht nach Belieben steuern.

Um diese Ziele zu verwirklichen, ist es nach Wygotskis psychologischem Ansatz notwendig, die Neugier und die Interessen des Kindes anzuregen und zu ermutigen. Erwachsene haben die Aufgabe, das gemeinsame Denken und Sprechen gerade dann zu forcieren, wenn das Kind bei Herausforderungen an seine Grenzen stößt. So können Überforderungen oder Blockaden erkannt werden. Auf diese Weise können sie das Kind behutsam von der Lenkung hin zur Selbstständigkeit führen, welche es in ähnlichen oder andersartigen Situationen unter Beweis stellen kann.

Dafür sollte es selbstverständlich sein, das Kind mit zunehmendem Alter kontinuierlich in die Planung und Organisation seines

Handelns einzuführen und es in der Entwicklung solcher Kompetenzen zu unterstützen.

Wer somit den vermessenden Blick einschränkt, dafür den jungen Menschen mehr vertraut und ihnen vor allem etwas zutraut, fördert ihr Selbstwertgefühl und ihr Selbstbewusstsein. Dann haben sie Wertvolleres in ihrem Rucksack als lediglich gute Schulnoten. Das sind Meilensteine auf dem Weg zum authentischen Kind.

Kapitel 12
Das Recht des Kindes auf die Entwicklung seines Potenzials

Perspektiven für Bildungspolitik und Schule

Schulen haben zusätzlich zu den in Lehr- und Bildungsplänen bestimmten Aufgaben viele Funktionen. Dazu gehören auch soziale Arbeit und Schulberatung. Schulen sind keineswegs lediglich leistungsantreibende und Druck erzeugende Institutionen, wie dies so oft behauptet wird. Genauso sind sie Trainingsplätze für demokratische Partizipation, kulturelle Kompetenz sowie die Einübung sozialer und emotionaler Fähigkeiten. Manche Schule agiert zudem gezielt als Förderinstitution, die Kinder in der Entwicklung ihrer Interessen und Potenziale, aber auch ihrer Identität, unterstützt. Doch ebenso kann die Schule eine Quelle für den kindlichen Stress sein, manchmal ursächlich, manchmal auch aufgrund des elterlichen Drucks. Selten ist es das Kind selbst, das sich unter Leistungsdruck setzt.

Doch es wäre zu einfach, lediglich die Schulen ins Visier zu nehmen. Es sind ebenso die Leitplanken der Bildungspolitik, welche das Fundament für die Arbeit der Schulen vorgeben. Deshalb muss die Bildungspolitik die Fixpunkte der Optimierungsgesellschaft hinterfragen und erkennen, dass weder Intelligenz noch Schulnoten das Maß aller Dinge sind. Die Entwicklung und Förderung des authentischen Kindes sollte für Schulpolitik und Bildungseinrichtungen auf allen Schulstufen eine neue Leitidee werden. Authentische Kinder haben nicht nur ein Recht auf Bildung, sondern auch ein Recht auf die Entwicklung des ihren Fähigkeiten angemessenen Leistungspotenzials.

Welche Maßnahmen können Bildungspolitik und Schulen ergreifen, um diese Leitidee umzusetzen? Zunächst einmal muss die Bildungspolitik dafür sorgen, dass Schulen anders mit Leistung und Schulerfolg umgehen *können*. Der Fokus auf Noten, der das Bildungssystem trotz Schlagworten wie Individualisierung oder selbstverantwortetes Lernen dominiert, sollte zugunsten der Ausrichtung auf die Prozesse des Lernens eingedämmt werden. So kann die Schule in die Lage versetzt werden, stärker die Einmaligkeit des Kindes – und weniger seine Einzigartigkeit und seine Vergleichbarkeit mit anderen – sowie seine Selbstentfaltung in den Blick zu nehmen. Damit sich Kinder autonomer entwickeln können, sind verschiedene hemmende Faktoren zu verändern, beispielsweise die Praxis der Leistungsvergleiche, das Beurteilungssystem und die Hausaufgabenpraxis. Und genauso sollten förderliche Faktoren einer gelingenden Schullaufbahn stärker gewichtet werden, beispielsweise die Entwicklung von überfachlichen Kompetenzen.

Weniger Rankings und vergleichende Tests durchführen

Die Leistungsorientierung, mit der Schulen konfrontiert sind, zwingt Lehrkräfte, gewisse Standards zu erfüllen. So müssen nicht nur die Lernziele erreicht, sondern die Kinder auch auf Leistungschecks vorbereitet werden. Vor diesem Hintergrund orientieren sich logischerweise manche Lehrkräfte stärker am Output, nehmen die Vergleichbarkeit der Leistungen in den Blick und lassen die Unterrichtsentwicklung vielleicht vermehrt auf der Strecke. Mit zunehmendem Alter der Schülerinnen und Schüler stehen deshalb bestimmte Fragen im Mittelpunkt: »Wie ist das Niveau meiner Klasse?« »Wo stehe ich mit meiner Klasse im Vergleich zu anderen Klassen?«

Auch wenn Lehr- und Bildungspläne zunehmend die kindlichen Entwicklungsunterschiede und das Lernverhalten berücksichtigen und dies auch in vielen Schulen so praktiziert wird, dominiert das »Bulimie-Lernen«[64] nach wie vor. Dieser umgangssprachliche Begriff meint das kurze und intensive Auswendiglernen mit dem Ziel, das Wissen im Anschluss einfach wieder auszuspucken. Für viele Überleister gilt dies *in extremis.* Oft geht dies einher mit dem inzwischen empirisch vielfach belegten *Teaching to the Test* – also der Fokussierung der Lerninhalte auf das, was abgeprüft wird.[65] Leistungstests oder wie sie auch immer genannt werden, hindern Lehrkräfte daran, die Kinder angemessen und auf ihre individuellen Fähigkeiten bezogen zu unterrichten. Ob man will oder nicht, solche Tests haben nie nur eine Orientierungs-, sondern immer auch eine Kontrollfunktion. Dies besagt das Gesetz von Donald Campbell. Je mehr Tests an Schulen zum richtungsweisenden Bezugspunkt werden, desto wahrscheinlicher wird es, dass sie manipuliert werden, indem beispielsweise schlechtere Schülerinnen oder Schüler am Tag der Testdurchführung nicht anwesend sind oder Lehrpersonen gezielt ihre Klasse auf die Tests vorbereiten (»Teaching to the Test«). Leistungstests können als Verzerrungsfaktoren wirken und die bildenden Prozesse beeinflussen, die eigentlich überwacht werden sollen.

Die Bildungspolitik muss solche Instrumente kritischer diskutieren und zumindest andere Praktiken in Erwägung ziehen – wie dies übrigens der Dachverband der Lehrerinnen und Lehrer Schweiz LCH[66] tut. Dann erst können sich Schulen gelassener auf die individuelle Leistung der Kinder und Jugendlichen konzentrieren, statt so viel Energie auf die Vergleiche zwischen ihnen und zwischen Klassen zu verwenden. Schülerinnen und Schüler werden so geneigter für einen wirklichen Zugang zum Lernen und brauchen nicht länger wie Motoren zu funktionieren, die beliebig getunt werden können.

Sich stärker an den Lernprozessen orientieren

Kinder sind spannender, komplexer und einmaliger als ihre Noten. Das eine Kind ist schulisch ein schlaues Kerlchen mit einem starken Interesse am Weltwissen, das andere hat gute Noten und noch mehr Freunde, die für es gleich wichtig sind wie die Schule. Ein drittes Kind ist fasziniert von der Musik. Seine Schulnoten sind vielleicht eher passabel, aber sein Ziel ist die musikalische Welt. Alle sind Kinder, über die sich Lehrkräfte und Eltern erfreuen sollten. Sie bringen genug Talent und Schlauheit mit, um mit Anerkennung und Ermutigung erfolgreich ihre individuellen Wege verfolgen zu können.

Viele Lehrkräfte orientieren sich an der Leistungsentwicklung ihrer Schützlinge und versuchen, prozessorientiert zu arbeiten. Doch zu oft liegt der Fokus auf den Noten. Deshalb verschwindet irgendwann das kindliche Interesse am Lernprozess. Noten werden zum motivierenden Ersatz, damit das Lernen überhaupt bedeutsam bleibt. Dies führt überleistende Kinder in einen Teufelskreis. Denn Noten sind nach wie vor die Selektionsbedingung Nummer eins. Auch Lehrkräfte sind oft überzeugt, der Übertritt ins Gymnasium hänge von den Noten ab, weshalb die Entscheidung einfach sei. Zu selten wird berücksichtigt, wie sie zustande kommen. Dies ist keine neue psychologische Erkenntnis, trotzdem fällt es der Bildungspolitik schwer, darauf zu reagieren. Es heißt dann, Lehrerinnen und Lehrer sollten doch einfach weniger selektiv benoten, damit sei das Problem gelöst. Doch Noten sind grundsätzlich anfällig für Verzerrungen – weshalb das Problem kaum in der persönlichen Verantwortung der Lehrkräfte liegt. Das Tragische daran ist, dass dies für jegliche Form der Leistungsbeurteilung gilt, auch dann, wenn Noten durch Alternativen ersetzt werden wie Buchstaben, Kreuzchen oder Lernberichte.

Noten sind kein objektiver Ausweis, kein unbestechliches Merkmal für das, was ein Kind kann. Schulerfolg ist weniger das Ergebnis persönlichen Fleißes und individueller Fähigkeiten, sondern eher ein Produkt von Privilegien und Zufällen.[67] Deshalb sollten Schulnoten in ihrer selektiven Bedeutung reorganisiert und auch in ihrer zentralen Rolle im Hinblick auf den Übertritt ins Gymnasium eingegrenzt werden, der zumindest in der Schweiz ein Nadelöhr ist. Zwar wäre es unrealistisch, Noten grundsätzlich abschaffen zu können. Doch Bildungspolitik und Schulen sollten den damit verbundenen Nachteilen mehr Beachtung schenken – gerade im Hinblick auf das Überleisterthema. Lernprozesse müssen zugunsten der Leistungsergebnisse ein stärkeres Gewicht erhalten. Diese Forderung steckt auch in Korczaks Recht des Kindes auf den heutigen Tag. Kinder leben in der Gegenwart, ihre aktuellen Lernprozesse sind wichtiger als das Ziel. Berücksichtigen wir dies nicht, stecken wir sie in das Prokrustesbett der täglichen Leistungsbewertung und zwingen sie, zu einem Teil unserer Zukunftsagenda zu werden.

Auch Wygotski beschreibt einen Weg, wie Lernprozesse stärker gewichtet werden können. In Anlehnung an Jean Piaget geht er davon aus, dass Kinder auf Lernpartner jeglichen Alters treffen sollten, die unterschiedliche Voraussetzungen haben. Idealerweise unterstützen Lehrkräfte ihre Schützlinge dabei in der Zone der nächsten Entwicklung. Durch solche Erfahrungen entdecken sie, wie viel sie zu bewältigen in der Lage sind und entwickeln gegenüber den eigenen Lernprozessen eine positive Einstellung. Dies ist ein Nährboden für mehr Selbstvertrauen und weniger Selbstzweifel.

Hausaufgaben in die Verantwortung der Kinder legen

Damit sich Kinder zu authentischen jungen Menschen entwickeln können, sollte ihnen mehr Verantwortung übertragen werden. Dabei muss die Schule den ersten Schritt tun. Ein Herzstück sind die Hausaufgaben, denn die Arbeit zu Hause führt keineswegs immer zum erwünschten Erfolg. Der tatsächliche Effekt von Hausaufgaben auf die Lernleistung ist umstritten. Eine wichtige Erkenntnis ist die problematische Rolle von Eltern, die via Hausaufgaben in die Rolle der verordneten Pauker gedrängt werden. Deshalb gehören Hausaufgaben in den Verantwortungsbereich der Kinder, im Auftrag der Lehrerin oder des Lehrers. In dieser Hinsicht gibt es viele Leuchtturmschulen, doch genauso manche Bundesländer respektive Kantone, die Eltern gesetzlich verpflichten, Hausaufgaben zu kontrollieren. Solche Gesetze machen die kindliche Eigenverantwortung schwierig und erschweren es den Lehrkräften, das selbstverantwortete Lernen im Unterrichtsalltag umzusetzen. Zu einem nicht kleinen Teil sind diese Gesetze auch daran beteiligt, dass die Debatte mehrheitlich in die falsche Richtung geht. Statt der Frage nachzugehen, wie Schulen zu stärken sind, damit Kinder mehr Eigenverantwortung übernehmen können, wird das Hausaufgabenproblem umdefiniert und in die Verantwortung des Elternhauses gelegt. Väter und Mütter werden zu Ersatzlehrkräften auf dem Weg zum Schulerfolg des Nachwuchses.

Selbstverständlich wäre die Annahme blauäugig, Hausaufgaben könnten grundsätzlich abgeschafft werden – zu unterschiedlich sind die Meinungen. Dies ist auch in der Forschung so, doch gibt es für die Mehrheit der Studien einen gemeinsamen Nenner: Hausaufgaben können dann wirksam sein, wenn die intrinsische Motivation stimmt und die Kinder nicht auf die aktive Unterstützung durch das Elternhaus angewiesen sind.[68] Berücksichtigen Lehrerinnen und Lehrer solche Erkenntnisse, ist ihre Überzeugung legitim, Kinder würden zu Hause Übungszeiten benötigen, um das Gelernte zu festigen.

Behörden müssten deutlichere Signale senden und genauere Standards zur Hausaufgabenpraxis formulieren. Um den Kindern mehr Verantwortung zu übertragen, sollte es für Eltern wenige, aber klar formulierte Regeln geben, wie Hausaufgaben zu erledigen sind und eine sinnvolle Begleitung aussehen müsste. Genauso wäre zu überlegen, *wie* Kinder mehr Eigenverantwortung übernehmen und so mehr Autonomie entwickeln können. Etwas selbstverantwortet tun zu können, ohne dass Eltern und Lehrkräfte hinter einem stehen, kann gerade Kinder mit Überleisterproblemen beflügeln – und ihnen auch mehr Eigenmotivation verleihen.

Lebenskompetenzen stärker gewichten

Der Besuch eines Gymnasiums ist nicht lediglich von akademischer Intelligenz, Schulwissen und Schulnoten abhängig, sondern genauso von überfachlichen, insbesondere von emotionalsozialen Kompetenzen. Gerade überleistende Kinder haben viele Selbstzweifel und wenig Selbstvertrauen sowie niedrige Gefühle von Selbstwirksamkeit. Auch fehlt vielen die Begeisterung, das zu tun, was sie interessiert, unabhängig von den Vorgaben von Schule und Elternhaus.

Überfachliche Kompetenzen sind inzwischen in manchen Lehr- und Bildungsplänen hoch im Kurs.[69] Der Begriff »überfachlich« weist darauf hin, dass Kompetenzen schulfach- und lebensbereichsübergreifend relevant sind. Manche sprechen von *Soft Skills*, doch die WHO nennt solche Fähigkeiten Lebenskompetenzen und trifft deren Bedeutung damit am präzisesten.[70] Denn sie haben viel mit dem Erfolg in der beruflichen und privaten Laufbahn zu tun und sind darum nicht nur während der obligatorischen Schulzeit relevant. Allerdings kann der Erwerb solcher Kompetenzen nicht durch bewährtes Regelwissen in der Schule vermittelt werden. Weil sie mit Intuition verbunden sind[71], entwickeln sich Lebenskompetenzen vor allem im routinierten Umgang mit Neuem, ebenso über Vorbilder, Mentorinnen und Mentoren, durch Übung und herausfordernde Situationen oder durch die Überwindung von Hindernissen.

Lebenskompetenzen werden nicht dadurch erworben, dass Kinder und Jugendliche in der Schule mit Selbstbeurteilungsbögen bombardiert werden. Mit Kreuzchen in einem Raster erreicht man ein Kind kaum, wohl eher die Angst der Eltern. Der Erwerb von Lebenskompetenzen wird nur möglich in einer Schule …

- … die Beziehungen hoch gewichtet, gleichzeitig herausfordernde Situationen schafft, um Durchsetzungsfähigkeit zu erproben;
- … die es ermöglicht, Frustrationstoleranz durch die Überwindung von Hindernissen einzuüben und Hartnäckigkeit zu entwickeln;
- … die von Schülerinnen und Schülern verlangt, an einer Sache dranzubleiben.

Kapitel 13
Das Recht des Kindes, scheitern zu dürfen

Perspektiven für die Familie

Was bedeutet es für Eltern, wenn sie ihrem Kind auch ein Recht zu scheitern zugestehen? Hände weg von hohen Erwartungen? Eine Laissez-faire-Erziehung? Nur Kontakt mit der Schule, wenn es wirklich erforderlich ist? Die Antwort heißt klar und deutlich: Nein! Über alle Altersstufen hinweg weisen Untersuchungen darauf hin, dass Väter und Mütter, die sich für die Schule interessieren, erfolgreichere Kinder haben. Das Elterninteresse beeinflusst Einstellungen und Motivation der Kinder zum Lernen. Väter und Mütter zeigen so ihre Wertschätzung für die Schule, ihr Vertrauen in die Fähigkeiten der Kinder und auch ihre Überzeugung, dass Herausforderungen erfolgreich, aber im Rahmen der kindlichen Möglichkeiten gemeistert werden können. Doch es kommt auf das *Wie* und die eigene *Haltung* an – und dies ist die vielleicht größte Herausforderung.

Eltern sind neben Lehrkräften und »signifikanten Anderen«[72] (zum Beispiel Trainerinnen und Trainer im Sport, Lehrkräfte in der musischen Bildung, Großeltern, ältere Geschwister und Freunde) die wichtigsten Personen, welche die Kinder in ihrer Entwicklung zu authentischen Menschen unterstützen können. Deshalb sollten sie Bedingungen schaffen, unter denen Kinder Freude am Lernen und am Leben entwickeln können – auf der Basis eigener Leistungen und Entscheidungen. Dies beinhaltet, dass sie schlicht normal sein und an einer Herausforderung auch einmal scheitern dürfen. Ein Autonomie unterstützender Erziehungsstil jenseits von permanenter Kontrolle ist hierfür das wichtigste Werkzeug. Ein solcher Erziehungsstil hat langfristige Effekte, die in einer positiven Eltern-Kind-Beziehung und in weniger Überleistung, dafür in befriedigenden Lernsituationen, sichtbar werden.

Dieses Kapitel zeigt in Ansätzen auf, was es für die Entwicklung von Selbstregulation und Autonomie der Kinder seitens der Eltern braucht. Dazu gehört es, Signale persönlichen Überengagements zu erkennen, mit dem eigenen Stress umgehen zu lernen, eine Antihaltung gegenüber der kindlichen Optimierung zu entwickeln und akzeptieren zu können, dass Noten nicht das Gleiche wie Fähigkeiten sind.

Das Überengagement zügeln

Nicht wenige Mütter und Väter empfinden die Schulnoten des Sprösslings als Bewertung der eigenen Leistung. Ihre Erziehungsstrategien umfassen darum wahrscheinlich nicht nur Kontroll- und Druckelemente, sondern ebenso Versuche, die Probleme des Kindes selbst zu lösen. Ein Beispiel sind die Hausaufgaben. Übernehmen die Eltern die Rolle der Kontrolleure und die Verantwortung für deren Erledigung, bestimmen sie das Verhalten des Kindes.

Unter solchen Bedingungen erachtet es das hohe Engagement der Eltern als normal oder macht sie sogar dafür verantwortlich, wenn die Noten nicht stimmen. Diese Strategie der Vermeidung von Verantwortungsübernahme ist einer gesunden Entwicklung abträglich. Nur wenn ein Kind die Eigenständigkeit seiner Handlungen und Anstrengungen spürt, kann es sie als positive Erfahrungen für sein Selbstwertgefühl nutzen und Resilienz entwickeln. Dies sind Kennzeichen einer Erziehung, die lebenstüchtig macht.

Darum ist es wichtig, dass Eltern ihre Erwartungshaltungen hinterfragen und Elemente des persönlichen Überengagements erkennen. Hinweise hierfür sind Druck- und Spannungsgefühle, Reizbarkeit und Erregbarkeit in Bezug auf die kindlichen Leistungen und der Wunsch, am Kind herumzuschleifen, bis es den Leistungserwartungen entspricht. Erinnern Sie sich an Romina, das Mädchen aus Kapitel 4, das vom Ballett zum Mädchenfußball wechselte, ein halbes Jahr später aber aus persönlicher Motivation wieder zum Ballett zurückkehrte? Die Dinge haben sich für Romina wahrscheinlich deshalb gut entwickelt, weil ihre Eltern das eigene Ego nicht über die Entscheidung der Tochter stellten. Rominas Eltern brachten gegenüber den Gefühlen ihrer Tochter viel Wertschätzung zum Ausdruck. Sie machten zwar klar, dass sie anderer Meinung waren als Romina. Aber sie hielten sich zurück, die Probleme ihrer Tochter selbst zu lösen und damit die eigenen Überzeugungen auf sie zu übertragen. Damit akzeptierten sie Rominas Autonomie.

Stellvertretend stehen Rominas Eltern für Väter und Mütter, welche das persönliche Überengagement zügeln und sich in Zurückhaltung üben. Eltern, welche die Situation ertragen können, wenn sich ein Hindernis anbahnt oder das Kind einen anderen Weg einschlagen will, machen ihm ein großes Geschenk. Sie entwickeln die Gelassenheit, nicht sofort einzugreifen und auch ein mögliches Scheitern in Betracht zu ziehen. Dies wiederum wirkt sich auf die Entwicklung des Kindes günstig aus. Weil es sich so entfalten darf, wie es ihm entspricht, kann es ein Vertrauen in sich selbst aufbauen und die eigenen Bewältigungsressourcen stärken, die es für die Meisterung der anstehenden Aufgaben braucht – ohne dass es sein Selbst verraten muss.

Mit Stress umgehen

Die Bedingungen, unter denen Familie stattfindet, sind oft alles andere als ideal. Die gesellschaftliche Forderung nach verantworteter Elternschaft sowie die Herausforderungen zur Vereinbarkeit von Beruf und Familie bringen viele Situationen mit sich, die stressig und belastend sind. Sind Väter und Mütter in verschiedensten Aufgaben engagiert, unter Zeitnot oder den Zwängen von Berufsarbeit und häuslichen Pflichten ausgesetzt, können sie sich kaum frei fühlen und dem Kind erlauben, Probleme selbst und im eigenen Tempo zu lösen oder Fehler zu machen.

Dabei sind es kaum einzelne Situationen, sondern viele kleine und alltägliche Begebenheiten, welche höhere Stressgefühle auslösen und die kindliche Entwicklung beeinflussen können. Neben alltäglich wiederkehrenden Konflikten wie Streitereien unter Geschwistern, Schlafengehen am Abend, Unruhe und Aggressivität oder Quengeln und Trödeln sind es vor allem Probleme mit den Hausaufgaben, den Prüfungsvorbereitungen, den nicht den Erwartungen entsprechenden Noten oder der Prüfungsängstlichkeit.

Die Forschung geht einerseits davon aus, dass sich Elternstress auf die Kinder überträgt, andererseits, dass sich elterliche Selbstfürsorge positiv auf die Kinder auswirken kann. Vätern und Müttern fällt es leichter, gelassen und angemessener auf die Probleme der Kinder einzugehen, wenn sie selbst ausgeglichen und entspannt sind. Das ist leichter gesagt als getan. Doch der erste Schritt hierzu ist, den eigenen Stress zu erkennen und sich darum zu bemühen, ihn in den Griff zu kriegen. Stressabbau bedarf auch der Berücksichtigung des persönlichen Wohlbefindens sowie der Einführung von Ritualen. Es gibt manche Momente im Leben, die sich bewusst genießen lassen und das Wohlbefinden steigern können. Ein hoher Stellenwert wird der regelmäßigen Bewegung zugeschrieben. Bekannt ist, dass Sport Stressreaktionen im Körper abbaut und Vitalitätsgefühle erzeugt. Ebenso helfen Methoden zum Zeitmanagement, um Aktivitäten und eigene Hobbys respektive persönliche Bedürfnisse im Terminkalender zu integrieren. Genauso braucht es jedoch die Planung von Zeitinseln – vielleicht verbunden mit Ritualen – für die es keinen Zeitdruck gibt. Solche Arrangements müssen vorweg geplant werden, damit es für alle Familienmitglieder verbindlich wird, dass das Drehen im Hamsterrad in solchen Zeitinseln untersagt ist.

Familiäre Strukturen spielen eine ebenso wesentliche Rolle, weil sie für alle Familienmitglieder manche Vorteile haben. Der größte Vorteil ist der, dass klare Strukturen in stressigen Situationen viel Zeit und Nerven ersparen und es zu weniger Diskussionen kommt. Sind familiäre Situationen festgefahren und vom Elternstress dominiert, bietet sich externe Unterstützung an. Vielerorts gibt es niedrigschwellige Angebote durch Familienberatung, Online-Elterntrainings oder Elterngruppen zum gemeinsamen Austausch.

Akzeptieren, dass Noten nicht das Gleiche sind wie Fähigkeiten

Ein Kind kommt von der Schule nach Hause und berichtet, was es in Mathe gelernt hat. Entweder fragen Mutter oder Vater sofort, ob es darüber eine Prüfung gäbe oder sie interessieren sich dafür, was das Kind denkt, gelernt zu haben oder um welche Inhalte es gegangen ist. Die erste Frage ist auf das Produkt ausgerichtet, also auf die Noten, während die zweite Frage die Lernorientierung in den Mittelpunkt stellt. Weil sich diese Frage an den Interessen des Kindes orientiert, macht sie es wahrscheinlicher, dass es sich in zukünftig ähnlichen Situationen nicht sofort ängstlich auf eine kommende Prüfungssituation einstellt.

Eltern, welche sich ausschließlich auf gute Noten sowie die Vermeidung von Misserfolgen konzentrieren und den Wert ihres Sprösslings daran bemessen, waren als Kinder oft gute Schülerinnen und Schüler und sind heute im Beruf erfolgreich. Sie tendieren dazu, ihr Streben nach Erfolg und Perfektion auf die Kinder zu übertragen, weil sie möchten, dass diese einen ähnlichen Weg wie sie verfolgen. Doch manchmal teilen Kinder die elterlichen Erwartungen nicht oder sind kaum in der Lage, die erwarteten Noten zu liefern. Dies sollte Väter und Mütter einsehen lassen, wie wenig Sinn es macht, das emotionale Familiengepäck auf die Kinder zu übertragen und Noten mit Fähigkeiten gleichzusetzen.

Einer solchen Projektion können Eltern – ganz im Sinne Wygotskis – entgegentreten, wenn sie Interessen und Aktivitäten der Kinder neu denken. Statt auf die eigenen Vorstellungen zu setzen, dass das, was man selbst gerne tun oder sein würde, auch für den Nachwuchs gelten muss, könnten sie sich eher fragen, was das Kind selbst möchte. Um dies zu erfahren, müssen sie ihm sorgfältig zuhören und spüren, was es glücklich macht. Leuchtet der Sohn auf, wenn er rennt, tanzt oder malt? Und die Tochter? Mag sie Sprachen vielleicht nicht so gern, erzählt aber immer von den Experimenten im Naturkundeunterricht? Solche Wahrnehmungen können für die Förderung der Kinder als Leitplanke genutzt werden – und sie sind viel treffsicherer, als das, was man selbst für den Nachwuchs als gut befindet.

Eine Antihaltung gegenüber Optimierung entwickeln

Geht es nach Korczak, haben Kinder ein Recht auf den heutigen Tag. Deshalb tun Eltern gut daran, über Erziehung, Bildung und Förderung nicht nur mit Blick auf das, was ansteht, nachzudenken – die nächste Prüfung, das nächste Zeugnis, der nächste Übertritt, das nächste Jahr – sondern vor allem über das, was für das Kind heute wichtig ist. Ein Recht zu haben auf den heutigen Tag bedeutet, dass Kinder so sein dürfen, wie sie sind, ohne ständig unhinterfragt optimiert zu werden. Wenn Eltern diese Kunst beherrschen, lernen sie intuitiv, wann Optimierung beflügelt und wann sie lähmt.

Kinder haben auch ein Recht darauf, Erfahrungen des Scheiterns zu machen. Doch wenn Misserfolge nicht erlaubt sind und dem Nachwuchs alle Hindernisse aus dem Weg geräumt werden, fehlt ihm die Möglichkeit, mit negativen Erlebnissen umgehen zu lernen. Im Herzen wissen Eltern, dass Misserfolge zur Kindheit – und zum Leben – gehören, weil man vielleicht selbst einmal gescheitert ist. Doch der Umgang mit Fehlschlägen will geübt sein. Einfach ist das nicht, weil Mütter und Väter eine herausfordernde Kompetenz entwickeln müssen: den Kindern durch die Unwägbarkeiten der Kindheit und Jugend zu helfen und Zurückhaltung im eigenen Urteil zu üben. Anstatt das Scheitern sofort wegzubügeln, sollten sie es eher begleiten. Doch meist schützen Eltern ihre Kinder aus Mitgefühl. Wer kann schon mitansehen, wenn das Kind Misserfolg hat? Und wer würde ihm nicht nach Kräften helfen, sein Versagen vergessen zu machen? Darum ist es durchaus nachvollziehbar, wenn sich Eltern in der Schule als Schutzschilder vor ihre Kinder stellen. Doch für den Nachwuchs ist das kaum entwicklungsförderlich.

Ein wichtiger Teil des Elternjobs ist es, den Kindern emotionale Stabilität zu geben und den Glauben an sich selbst zu stärken.

Ängstlichkeit oder das Bestreben, ihre Entwicklung fortlaufend zu optimieren, zerstört dies und legt kindliche Bewältigungsstrategien lahm. Doch Kinder, die an sich glauben können, weil sie ein gutes Selbstwertgefühl entwickelt haben, bestehen die Prüfung des Scheiterns. Sie werden unabhängiger von den Widrigkeiten des Lebens und lernen, mit Fehlschlägen umzugehen. Im Kern liegt darin auch das, was Sigmund Freud das Urvertrauen genannt hat, nämlich die Überzeugung, dass das Leben einen Sinn hat und aus einer Schwäche eine Stärke erwachsen kann. Das Beste ist nicht das, was Eltern für ihr Kind tun, sondern der Glaube, den sie ihm mitgeben, dass alles gut wird. Allein er hilft, Rückschläge zu ertragen. Für Kinder ist er überlebenswichtig. Schon Samuel Beckett, der berühmte irische Schriftsteller, hat gesagt: »Try again. Fail again. Fail better.« Damit meinte er, dass das Scheitern unumgänglich ist und die Kunst darin besteht, nicht aufzugeben.

Auch das hingebungsvollste oder leistungsbeflissenste Elternhaus kann die Zukunft der Kinder nicht kontrollieren. Aufwachsen ist eine gewaltige Herausforderung, nicht nur für Kinder – auch für Väter und Mütter. Für die Verarbeitung der Angst um Schulerfolg und Noten brauchen sie nicht nur Energie, sondern auch die Bereitschaft, sich mit den eigenen blinden Flecken auseinanderzusetzen.

Autonomie fördern: Zeit geben und kindliche Eigenheiten akzeptieren

Kontrolle und Leistungsorientierung ist das eine Ende des Kontinuums, das andere Ende ist die Unterstützung der Autonomie. Solche Bemühungen sind proaktiv und nicht reaktiv. Eigenständige Kinder sind in der Lage, im Voraus zu planen, vorerst mit Unterstützung der Eltern, der Lehrkräfte oder von signifikanten Anderen. So können Kinder ihre Selbstregulationsfähigkeiten ausbauen und sich in die »Zone der aktuellen Entwicklung« begeben, in der sie Aufgaben wieder allein bewältigen können. Auf diese Weise entsteht autonomes Lernen.

Väter und Mütter, welche die Entwicklung von Autonomie ernst nehmen, orientieren sich an zwei Standards. Erstens versuchen sie, dem Kind in gewissen Bereichen Zeit zu geben, damit es sich eigenständig entwickeln kann. Dies ermöglicht ihm, unterschiedliche Wege auszuprobieren, um ein Problem zu lösen oder mit einer Herausforderung besser umzugehen. Zweitens mischen sich Eltern nicht zu früh ein. Auch das braucht Zeit und Geduld, denn manche Mütter und Väter werden schnell ungeduldig, wenn das Kind eine Aufgabe nicht sofort lösen kann.

Autonomieförderung kann nur wirksam funktionieren, wenn Eltern ihre Kinder nicht wie kleine Könige behandeln und ihre Bedürfnisse nonstop befriedigen. Soll das Kind nach und nach autonomer und selbstständiger werden, braucht es Väter und Mütter, die ihm erlauben, ein Individuum mit Eigenheiten zu werden. Es darf persönliche Ziele festlegen sowie eigene Interessen und Ideen verfolgen. Seine Optionen hören sich Eltern an und geben ihm ein wohlwollendes Feedback. Sie respektieren sein Recht, altersangemessene Entscheidungen selbst zu fällen, anstatt ihm zu zeigen, was am besten für es ist. Sie versuchen nicht, aus ihm einen Klon von sich selbst zu machen.

Ein solcher Autonomie unterstützender Weg ist schwierig, zeitraubend und härter als der ausschließliche Fokus auf gute Schulleistungen und angepasstes Verhalten. Doch die langfristig positiven Folgen einer solchen Erziehung – mehr Wohlbefinden, mehr Selbstbewusstsein und Durchsetzungsfähigkeit sowie positivere Eltern-Kind-Beziehungen – sind letztlich der Beweis, dass sich dieser Weg lohnt.

Kapitel 14
Das Recht auf die Entwicklung von Lebenskompetenzen

Perspektiven für das Kind

Je freier ein Kind aufwächst und je weniger es als Stellvertreter seiner Eltern perfekt sein muss, desto lebenstüchtiger wird es. Dieses vielfach belegte Forschungsergebnis[73] macht uns bewusst, dass sich Lebenstüchtigkeit nicht dadurch entwickeln lässt, dass jede winzige Regung eines Potenzials sofort mit dem besten Angebot gefördert wird. Begabung braucht Zeit zum Reifen. Und Kinder brauchen stabile Eltern, Erzieherinnen und Erzieher sowie Lehrkräfte, welche sich auf ihre seelische Verfassung mehr einlassen können als auf das, was andere Kinder schon können, was Noten und Tests aussagen oder auf das, was man allgemein als normal oder intelligent bezeichnet. Können sich Erwachsene von der gesellschaftlichen Bildungspanik emanzipieren, geben sie den Kindern das beste Rüstzeug für das ungewisse Leben in der Zukunft mit.

Dieses Rüstzeug sind die Lebenskompetenzen. Gerade mit Blick auf unsere Hochleistungsgesellschaft sind sie die Leitplanken von Bildung und Erziehung auf dem Weg zum authentischen Kind. In diesem Kapitel werden fünf Lebenskompetenzen diskutiert, die bei manchen überleistenden Kindern nur ansatzweise vorhanden sind: Selbstvertrauen, Hartnäckigkeit, Begeisterung, Selbstwirksamkeit sowie Frustrationstoleranz. Solche Lebenskompetenzen helfen ihnen, sich selbst wertzuschätzen, dem Leben mit Schwung und Leistungsfreude zu begegnen und einen Beruf zu finden, der sie begeistert und befriedigt – unabhängig davon, ob die Ausbildung über eine Berufslehre oder das Gymnasium führt.

Selbstvertrauen: Ich glaube an mein Können – statt: Erwachsene halten mich dazu an, immer besser zu werden

Das Selbstvertrauen – synonyme Begriffe sind Selbstsicherheit, Selbstwert oder Selbstbewusstsein – ist ein Ergebnis dessen, was Kinder über sich selbst denken. Wegen der Angst vor dem Versagen sind für überleistende Kinder und junge Menschen sehr gute Leistungen zwingend. Sie vermeiden Misserfolge um jeden Preis, doch sind sie gleichzeitig geplagt von fast chronischer Unsicherheit über ihre Fähigkeiten. Diese Sorge ist ein wichtiger Motor für ihre permanente Anstrengung.

Am anderen Ende des Kontinuums sind Kinder mit einem sehr hohen Selbstvertrauen. Sie trauen sich vieles zu und denken, sie könnten alles schaffen. Doch wenn das Selbstvertrauen zu hoch ist, besteht die Gefahr, sich zu überschätzen oder selbstverliebt zu werden. Ein gesundes Mittelmaß ist die Lösung. »Ich bin wie ich bin – im Guten wie im Schlechten« steht für eine solche Haltung.

Der familiäre Einfluss, insbesondere die Beziehung der Eltern zum Kind, prägt das Selbstvertrauen nachhaltiger als die schulischen Erfahrungen. Väter und Mütter sollten sich deshalb fragen, wie stark sie selbst von ihrem Kind abhängig sind, wie sehr sie es an sich binden und wie viel Distanz sie überhaupt zu ihm haben. Eltern zu sein, heißt auch, loslassen zu können. Wer Kinder immer wieder bewusst loslässt, wird auch die Erfahrung machen, dass sie allein zurechtkommen und dass sie widerstandsfähiger sind als angenommen. So entwickelt sich ein gutes Selbstvertrauen.

Fördern lässt sich diese Kompetenz, wenn Kinder nicht vorrangig über die Schulleistungen definiert und immer mit anderen verglichen werden. Deshalb sollten sie Verantwortung für etwas übernehmen können, das sie gerne tun, das aber nichts mit

Leistung zu tun hat. Beispielsweise auf das Haustier aufpassen, etwas selbst basteln, bauen, nähen, kochen oder reparieren. Solche kleinen Aufgaben beweisen dem Kind, dass man ihm jenseits guter Schulnoten vertraut. Geben ihm Elternhaus und auch Schule zudem Signale, dass es so wie es ist, gut genug ist und nicht perfekt sein muss, kann es sich selbst besser akzeptieren. Der wichtigste Schritt zu einem starken Selbstvertrauen beginnt mit der eigenen Akzeptanz.

Auch Lehrpersonen können das Selbstvertrauen fördern. Etwa, indem sie sich auf jene Bereiche konzentrieren, in denen durch Gespräche und positives Feedback Stress reduziert und das Selbstwertgefühl gesteigert werden können. Der Unterricht kann so gestaltet werden, dass Kinder ihre Leistungen und persönlichen Anstrengungen im Austausch mit der Lehrperson spiegeln und so lernen können, die eigenen Fähigkeiten in Bezug auf die Bewältigung verschiedener Aufgaben positiver einzuschätzen. Für überleistende Kinder ist ein solcher Austausch essenziell.

Hartnäckigkeit: Ich bleibe dran – statt: Ich bin mutlos

Nicht selten haben überleistende Heranwachsende eine verbissene Arbeitshaltung. Oft sind sie auf Noten, Zeugnisse und Zertifikate fixiert. Sie wirken so, als ob sie einen langen Atem hätten und sich einer Sache intensiv widmen könnten. Doch meist ist diese Hartnäckigkeit nicht intrinsisch motiviert, sondern getrieben von der Angst zu versagen. Das Lernen bereitet ihnen Sorgen, was zu Problemen mit der mentalen und manchmal auch physischen Gesundheit führen kann. Intrinsisch motivierte Hartnäckigkeit als Arbeitshaltung zu entwickeln, schließt deshalb den Aufbau anderer Werte ein.

Ein Überleisterkind kann keine Hartnäckigkeit entwickeln, wenn es permanent mit Aufgaben konfrontiert wird, die mit zu hohen Erwartungen und Dauerkontrolle einhergehen. Daraus resultiert die Überzeugung, etwas nie richtig zu können, ohne Hilfe scheitern zu müssen und sich deshalb zu blamieren. Erfolgversprechend sind Ermutigungen, Hartnäckigkeit mit dem zu verbinden, was Kinder wirklich gern tun, anstatt mit dem ausschließlichen Blick auf gute Noten. Einer der zentralen Effekte ist bei Überleistern das Verhältnis von Emotion und Lernen. Ermutigungen sind darum besonders wichtig, weil manche überleistende Kinder hohe Erwartungen an sich selbst und die Überzeugung haben, immerzu lernen zu müssen. Werden sie von Elternhaus und Schule verstärkt, ist der Weg zur Entwicklung von Strategien erlernter Hilflosigkeit nicht weit.[74]

Wenn das Kind keine Hartnäckigkeit aufbauen kann, sollten Lehrkräfte und Eltern gemeinsam herausfinden, wo das Problem liegt, bevor sich beim Kind der Satz verfestigt: »Ich muss immer dranbleiben, damit ich gut bin.« Überleister dürfen nicht noch mehr angestachelt werden, weil dies dem ungesunden Perfektionsdruck Tür und Tor öffnet. Es ist nicht einfach, ein solches Verhaltensmuster zu verändern, doch sogenannte Reattributionstrainings sind bislang mit Erfolg eingesetzt worden. Dabei handelt es sich um einen pädagogisch-didaktischen oder therapeutischen Ansatz zur Veränderung von Attributionsstilen.[75] Darunter versteht man die Art und Weise, wie ein Individuum die Ursachen für seinen Erfolg respektive sein Scheitern erklärt. Reattributionstrainings dienen der Selbstmotivation. Diese ist das Fundament auf dem Weg zu mehr Hartnäckigkeit. In der Motivationspsychologie gilt die Regel: Je stärker die intrinsische Motivation, desto größer ist die Hartnäckigkeit. Personen, die mit einem Erfolg rechnen, verfügen über wesentlich mehr Hartnäckigkeit als jene, die einen Misserfolg befürchten.

Überleister können deshalb anhand von solchen Trainings lernen, ihre Angst vor Misserfolg anders zu erklären. Lehrkräfte, Förderpersonen oder auch Eltern zeigen den Heranwachsenden auf, wie sie ihre Erklärungsmuster verändern können, um einen Misserfolg nicht immer auf mangelnde Anstrengung zurückführen zu müssen, sondern ihn auch als Zufall akzeptieren zu können.

Indem sie ihre Erklärungsmuster verändern, lernen Überleisterkinder, dass vorübergehendes Scheitern kein Weltuntergang ist und dass Misserfolg einen Menschen interessanter und lebenstüchtiger machen kann. Auf diese Weise können sie ihr Selbstwertgefühl nach und nach stabilisieren.

Begeisterung: Das interessiert mich – statt: Meine Lehrkräfte und Eltern wissen immer, was das Beste ist

Erfüllt ein Kind den Wunsch von Erwachsenen, leistungsstark zu sein, fühlt es sich wahrscheinlich vor allem deshalb glücklich, weil es sie zufrieden sieht. Die Zufriedenheit darüber, solche Erwartungen zu erfüllen, trägt allerdings selten dazu bei, sich auf lange Zeit hinaus für eine Aktivität zu begeistern und sich dabei wohlzufühlen. Manchmal braucht es zwar auf dem Weg, sich für etwas wirklich begeistern zu können, einen hilfreichen Schubs, doch ein Stoß ist deutlich seltener zielführend und ein Drängen fast nie.

Begeisterung ist der innere Antrieb für Leistung. Doch stimmt es, dass gewisse Kinder mit Begeisterungsfähigkeit ausgestattet sind, andere jedoch eher mit Zurückhaltung? Mit Sicherheit hat das angeborene Temperament einen Effekt auf Begeisterung und Intensität. Einige Kinder entwickeln eine dynamische Begeisterungsfähigkeit, andere sind zurückhaltend und karg in ihren emotionalen Äußerungen. Allerdings kann Begeisterungsfähigkeit nicht an der

Lautstärke gemessen werden, wie junge Menschen ihre Interessen vertreten. Begeisterungsfähigkeit ist auch davon abhängig, welchen Stellenwert die natürliche Neugier überhaupt haben darf. Manchmal ist sie eher ein *Nice-to-Have* der Erziehungs- und Bildungsziele Erwachsener. Oft werden Kinder und Jugendliche in Bereichen stimuliert, welche Eltern besonders wichtig und bedeutsam für die Reputation der Familie finden. Manchmal hat auch die Schule einen engen Fokus auf die kognitive Leistungsfähigkeit. Deshalb wird fast die gesamte freie Zeit den Hausaufgaben und dem Leistungsstreben gewidmet, was wiederum andere persönliche Interessen bremst anstatt sie zu fördern.

Begeisterung kann dann entstehen, wenn Elternhaus und Schule die Überzeugung ändern, dass sie Antreiber der kindlichen Motivation sein müssen, weil Kinder aus sich heraus sowieso nicht lernen wollen. Solche Überzeugungen können die Ursache dafür sein, dass Kindern schon früh die Neugier zugunsten von Anleitung, Kontrolle und fremdgesteuertem Üben abhandenkommt und sie nur so tun als ob.

Begeisterung entwickelt sich auch dort, wo man sie am wenigsten vermutet: im freien Tun, das eigenmotivierte Erfahrungen zulässt, und auch im Spiel, das von Erwachsenen nicht kontrolliert wird. Die Forschung unterstreicht deren hohen Wert uneingeschränkt – nicht nur für eine sinnvolle Freizeit, sondern auch für die Schule. Denn für optimales schulisches Lernen braucht es neben Hartnäckigkeit und einem guten Selbstvertrauen auch Begeisterung und Neugier, genauso wie Konzentration und Ausgeglichenheit. Solche Kompetenzen lassen sich im freien Tun sowie im Spiel erlernen und trainieren, weil sich Kinder in solche Tätigkeiten versenken können. In der Wissenschaft wird dieser Prozess *flow* genannt[76], definiert als Zustand völliger Konzentration, als beglückend erlebtes Gefühl restlosen Aufgehens in einer Tätigkeit, die vom bewussten Alltag losgelöst ist. Jedes Kind sollte die Chance haben, sich auf diese Weise vertiefen zu können. Unterstützen es Familie und Schule, dann trägt dies mit einiger Wahrscheinlichkeit zu einer gesunden Entwicklung in allen Lebensbereichen bei.

Selbstwirksamkeit: Ich kann Herausforderungen bewältigen – statt: Ich zweifle ständig an mir

Viele Überleister fühlen sich permanent unter Druck, extra Anstrengungen erbringen zu müssen, um erfolgreich zu sein. Solche Gefühle haben auch Auswirkungen auf die Selbstwirksamkeit, definiert als Vertrauen, eine Handlung erfolgreich ausführen oder eine Aufgabe mit Zuversicht gut erledigen zu können. In der Regel sind überleistende Kinder kaum mit einem guten Selbstwirksamkeitsgefühl ausgestattet. Ihnen fehlt das Zutrauen in die eigene Leistungsfähigkeit. Deshalb sind sie selten unbeschwerte Kinder, die an ihren guten Schulleistungen Freude haben und daraus ein Gefühl der Selbstwirksamkeit entwickeln können.

Negative Selbstwirksamkeitsgefühle können sich unbemerkt je nach Art der Bewertung Erwachsener einschleichen – oder sich auch ins Positive wenden. So braucht es beispielsweise am Klettergerüst wenig, um ein negatives Selbstwirksamkeitsgefühl (»Komm lieber runter, das ist viel zu hoch für dich«) in ein positives zu wandeln (»Du schaffst es noch etwas höher, ich bin da und sichere dich ab«). Beim Vortragen eines Referats in der Schule ist es etwas schwieriger, weil bei überleistenden Kindern meist unausgesprochene Vorannahmen dominieren (beispielsweise »Ich hasse meine Stimme« oder »Die anderen Kinder sind viel sympathischer als ich«). In solchen Zusammenhängen dürfte wieder das Reattributionstraining zum Zug kommen.

Somit sind negative Selbstwirksamkeitserwartungen veränderbar. Um Kinder in dieser Entwicklung zu unterstützen, brauchen Bezugspersonen eine hohe Aufmerksamkeit und viel Feinfühligkeit. Wer positive Botschaften sendet, unterstützt nicht nur das Kind in seiner Selbstwirksamkeitsentwicklung, sondern ebnet auch sich selbst den Aufbau einer positiven Erwartungshaltung. Solche Botschaften sind nie ausschließlich verbal auf das Loben beschränkt, sondern umfassen auch nonverbale Aspekte, wie dem Kind Zeit zu geben für seine Lernprozesse, damit es verschiedene Wege abwägen und ausprobieren sowie wiederholte Versuche machen kann. Dazu gehört auch, das Kind zu unterstützen und zu begleiten, wie es eigene Ziele findet, die auch erreichbar sind.

Frustrationstoleranz: Ich kann mit Niederlagen umgehen – statt: Misserfolge entmutigen mich

Der Begriff Frustrationstoleranz beschreibt die Fähigkeit, konstruktiv mit nicht erreichten Zielen, Niederlagen, unerfüllten Wünschen oder enttäuschten Erwartungen umzugehen. Kinder, die eine gewisse Frustrationstoleranz entwickeln, haben ein höheres Durchhaltevermögen, sind anstrengungsbereiter und lassen sich durch Enttäuschungen nicht so schnell aus der Fassung bringen. Und sie lernen, Dinge für sich selbst zu tun, ohne dass Eltern und Lehrkräfte immer vorschreiben, was und wie dies zu tun ist.

Zeigen Kinder weder Selbstkontrolle noch Frustrationstoleranz, sind Lehrkräfte und Eltern in der Regel enttäuscht. Insbesondere Väter und Mütter tendieren dazu, ihre Enttäuschung nicht in einen Zusammenhang mit dem eigenen überbehütenden Tun zu stellen. Das Muster, wonach Eltern ihre Sprösslinge vor jeder Herausforderung und jedem Konflikt schützen, ist relativ weitverbreitet. Doch Kinder, die andauernd in Watte gepackt werden, können kaum aus Fehlern lernen oder am eigenen Scheitern wachsen und ihre Enttäuschung überwinden. Sie haben eine geringe Frustrationstoleranz.

Frustrationstoleranz ist für alle Kinder eine Herausforderung. Dennoch gibt es große charakterliche Unterschiede, sodass einige Kinder schon früh Frustrationstoleranz zeigen, während andere Kinder damit kaum zurechtkommen. Deshalb muss man ihnen aufzeigen, dass es bessere und schlechtere Wege gibt, um Ärger, Angst und Wut auszudrücken. Dazu gehört auch, eine unangenehme Situation über längere Zeit auszuhalten oder dass nicht jedes Bedürfnis sofort befriedigt werden kann. Kinder mit einer guten Selbstkontrolle und Frustrationstoleranz haben ein hohes Durchhaltevermögen, sind anstrengungsbereiter, lassen sich durch Enttäuschungen nicht lähmen oder behindern und können mit einem Belohnungsaufschub umgehen.

Aus diesem Grund ist es entscheidend für überleistende junge Menschen, auch Signale des Vertrauens zu bekommen. Wenn sie spüren, dass schlechte Noten und Misserfolge kein Weltuntergang sind und nicht mit Liebesentzug bestraft werden, können sie lernen, für sich selbst Verantwortung zu übernehmen. Dies wiederum bedingt, dass sie Freiräume zur Persönlichkeitsentfaltung bekommen.

Frustrationstoleranz ist eine der wichtigsten Lebenskompetenzen für Bildungserfolg und Wohlbefinden. Diese Kompetenz wird in der Kindheit erworben, doch sie ist auch später noch trainierbar. Eine Voraussetzung sind Erwachsene, die Kinder und Jugendliche nicht wie zerbrechliche Porzellanpuppen behandeln.

Und zum Schluss: Überleistung kann überwunden werden

Mein Buch hat die verborgene Kultur der Überleistung zum Thema gemacht und sie als den Preis unserer Optimierungs- und Hochleistungsgesellschaft bezeichnet. Gleichzeitig ist es eine Dokumentation über den Leistungsdruck auf junge Menschen und die kontinuierliche Kontrolle über sie, die beide vom Bildungssystem ausgehen und markante Auswirkung auf Schule und Elternhaus haben.

Was sind die Herausforderungen der Zukunft? Dass die Bildungspolitik beginnt, sich mit der Frage zu beschäftigen, was die Hochleistungsgesellschaft mit unseren Kindern macht. Nur so wird der Weg frei für einen Perspektivenwechsel hin zu authentischeren Kindern. Dies zu bewerkstelligen ist eine große bildungspolitische und erzieherische Aufgabe des 21. Jahrhunderts. Im letzten Schwerpunkt habe ich Ansatzpunkte dieses Perspektivenwechsels für Bildungspolitik und Schulen, für Lehrkräfte und Eltern aufgezeigt. Packen wir diese Aufgabe, dann muss die Frage »Einmal Überleister – immer Überleister?« keinesfalls mit einem »Ja« beantwortet werden. Überleistung bleibt nicht automatisch bis ins Erwachsenenalter an jungen Menschen kleben. Die Bildungspolitik muss dafür sorgen, dass Schulen die Heranwachsenden mit den notwendigen Lebenskompetenzen ausstatten, damit diese Bewältigungsstrategien jenseits des Bildungs- und Elterndrucks entwickeln können. Genauso beinhaltet der Perspektivenwechsel die Verantwortung der Familie, den Kindern das Recht auf den heutigen Tag einzuräumen und ihnen eine authentische Entwicklung zu ermöglichen. Eltern schaffen ihnen so ein wichtiges Fundament, damit sie nicht nur bildungserfolgreich, sondern auch lebenskompetent werden und eine eigene Identität entwickeln können. Authentisch zu werden bedeutet auch, sich von der Überzeugung zu distanzieren, dass nur Leistungsoptimierung und der höchstmögliche Bildungsabschluss für ein glückliches und selbstbestimmtes Leben ausschlaggebend sind.

Dank

Dieses Buch habe ich während der Pandemie geschrieben. In manchen Phasen seiner Entstehung forderte es von mir auch die Fähigkeit, Einsamkeit zu ertragen und diese produktiv zu nutzen. Deshalb sind mir Menschen so wichtig gewesen, die mir Impulse und kritische Anregungen gegeben haben. Gelernt habe ich in dieser Zeit auch, wie wichtig für mich ein stützendes Umfeld ist, das ermutigt und nicht nachtragend ist. Deshalb danke ich an erster Stelle meinem Partner Walter Stamm, der seit mehr als zwanzig Jahren fast jedes Wort liest, das ich schreibe. Ich bin eine glückliche Nutznießerin seiner Rückmeldungen. Manchmal ist er zwar mein stärkster Kritiker, immer aber mein wichtigster Rückhalt. Unserem Sohn und seiner Partnerin und unserer Tochter sowie ihrem Partner danke ich dafür, dass ich mit ihnen manche Gedanken auf Bergtouren, einer Bahnfahrt oder bei einem feinen Abendessen erörtern konnte.

Danken möchte ich Heike Specht, meiner engagierten Agentin sowie der Verantwortlichen für das Sachbuchprogramm des Kösel-Verlags, Julia Sterthoff, für ihre enthusiastische und professionelle Begleitung. Ein besonderer Dank gebührt auch Margarethe Brunner. Sie hat den Text intensiv lektoriert.

Ebenso geht mein herzlicher Dank an Kolleginnen und Kollegen, an Studierende für ihre Recherchen, an meine Mitarbeitenden für ihre aufschlussreichen Kommentare und kritischen Nachfragen zu meinem Manuskript. Sie haben einen wesentlichen Anteil daran, dass dieses Buch überhaupt entstehen konnte.

Anmerkungen

1 Dieser Begriff ist in den deutschsprachigen Staaten als Leitbild stark präsent. Er meint das Verständnis, wonach Kinder beim Aufwachsen intensiv begleitet werden sollen, weil sie nicht von alleine erwachsen werden.
2 Siehe die Ausführungen von Frank Furedi (2004), S. 57.
3 Von solchen Befunden berichtet Dagmar Pauli (2018).
4 Diese Diagnose stammt von Michael Schulte-Markwort (2015).
5 Julian Nida-Rümelin beleuchtet diese These in seinem Buch *Der Akademisierungswahn* (2014).
6 Dazu äußern sich Miriam Leuchter (2013) oder Karin Steiner (o. J.): https://www.eltern-bildung.at/expert-inn-enstimmen/vorschularbeit-im-kindergarten/, Zugriff am 18.01.2022.
7 Mein Dossier *Frühe Förderung als Kinderspiel* lenkt den Fokus auf die Tatsache, dass die explizit schulvorbereitende Frühförderung dazu geführt hat, dass das freie Spiel zunehmend als Zeitverschwendung verstanden wird. Kitas und Kindergärten seien Orte zum »Lernen« und nicht zum »Spielen« (2014a).
8 Vgl. Margrit Stamm et al.(2012).
9 Detailliertere Ausführungen finden sich in meinem Buch *Zwischen Exzellenz und Versagen* (Stamm, 2005) sowie im Aufsatz *Geboren 1988* (2007).
10 Siehe die bahnbrechende Studie von Steven Berglas und Edward Jones (1978).
11 Damit meinen Andreas Hadjar und Rolf Becker (2006) die gestiegene Bildungsbeteiligung, längere Verweildauer im Bildungssystem und beschleunigte Zunahme höherer Schulabschlüsse nach den Bildungsreformen in den 1960er- und 1970er-Jahren.
12 In meinem Buch *Lasst die Kinder los* (2017) gehe ich ausführlich darauf ein.
13 Vergleiche hierzu die Ausführungen von Hans Bertram (2013) oder das Interview mit Kathy Hirsh-Pasek und roberta-michnick-golinkoff: http://earlylearningnation.com/2019/04/roberta-michnick-golinkoff-kathy-hirsh-pasek-part-1-how-did-play-become-a-four-letter-word/ Zugriff am 03.01.2022.
14 Dies ist ein Ergebnis der Studie des Deutschen Kinderhilfswerks (2015).
15 Der Begriff »flow« meint Schaffens- oder Tätigkeitsrausch respektive das als beglückend erlebte Gefühl im Zustand völliger Vertiefung und restlosen Aufgehens in einer Tätigkeit. Mihály Csikszentmihalyi (1985; 2002) hat diesen Begriff eingeführt.
16 Uwe Schimank et al. (2014) bezeichnen intensive Statusarbeit als einen Modus der Lebensführung, der in der Mittelschicht weitverbreitet ist.
17 Darauf verweisen Markus Neuenschwander und Edith Niederbacher in ihrem Aufsatz (2014).

18 Christine Saemisch hat in ihrer Dissertation (2012) nachgewiesen, dass zwischen mütterlichem Erziehungsverhalten und der Sozialentwicklung von Kindergartenkindern ein Zusammenhang besteht. Positives und verantwortungsvolles Verhalten der Mütter hängen positiv mit dem prosozialen Verhalten der Kinder und mit einer gesunden Leistungsentwicklung zusammen. Machtvolle Durchsetzung mütterlicher Interessen sind hingegen verlinkt mit kindlichem Problemverhalten.

19 In meinem Aufsatz *Perfektionismus und Hochbegabung* (2008) habe ich diese Verbindung detailliert erläutert.

20 Vgl. Jean-Baptiste Hennequin (2016).

21 Das ist ein Zitat aus dem Interview von Robin Schwarzenbach und Nils Pfändler mit Elsbeth Stern in der NZZ vom 23.11.2021. https://www.nzz.ch/bildung/elsbeth-stern-30-prozent-gehoeren-nicht-ans-gymnasium-ld.1651620. Zugriff am 03.01.2022.

22 Die Längsschnittstudie wird seit 2003 vom Team um Urs Moser, Universität Zürich, durchgeführt (Tomasik et al., 2018). Auch die Studie von Maria Zumbühl und Stefan Wolter (2017) kommt zu ähnlichen Schlüssen. Sie weist nach, dass Schülerinnen und Schüler, die beim Eintritt ins Gymnasium ihre Leistungen mit oder dank Nachhilfe erreicht hatten, im Vergleich zu leitungsmäßig identischen Schülerinnen und Schülern deutlich häufiger repetieren müssen oder aus dem Gymnasium austreten.

23 In meinem Aufsatz zur Verbindung von praktischer Intelligenz und Expertise (2014b) erläutere ich die theoretischen Grundlagen der Expertiseforschung.

24 Siehe Wolfang Schneider und Elisabeth Stumpf (2007).

25 Siehe hierzu die Ausführungen in Daniel Hofstetter (2017), Kapitel V.

26 Vgl. Angela Duckworth (2016).

27 Genaueres findet sich in meinem Aufsatz (2011).

28 In seiner Dissertation (2017) belegt er, wie Selektionsprozesse heranreifen und dass es dabei zur Reproduktion sozialer Ungleichheit kommt.

29 Dies ist eine Aussage von Holger Schmitt (2013), der sich mit Hochleistungssport im Kindesalter befasst.

30 Darüber schreibe ich in meinem NZZ-Beitrag *Frauen werden von klein an zum Selbstzweifel erzogen* (2019).

31 Siehe *Dritter Deutscher Kinder- und Jugendsportbericht: Kinder- und Jugendsport im Umbruch* von Werner Schmidt et al. (2015).

32 Siehe das Interview im Tagesanzeiger vom 21.09.2021. https://www.tagesanzeiger.ch/dieser-experte-sagt-viele-eltern-und-vereine-schaden-den-kindern-940421849784 (Abo). Zugriff am 18.01.2022.

33 Zur negativen Beeinflussung siehe Wendy Grolnick (2003, S. 138), zur positiven Beeinflussung siehe Sönke Schulmeister (2014). Siehe auch Suzanne Gurland und Wendy Grolnick (2005).

34 Katty Kay und Claire Shipman (2014) beschreiben in ihrem Aufsatz die Hintergründe, warum Mädchen weniger Selbstvertrauen entwickeln und

was die Erziehung damit zu tun hat. Siehe auch den Beitrag von Katelyn Cooper et al. (2018).

35 Dagmar Pauli verbindet den ungesunden Perfektionismus auch mit den neuen Schönheitsidealen. Sie verweist darauf, dass manche junge Frauen sehr intelligent sind, die Motivation für eine Behandlung trotzdem eher gering ist (2018).

36 Dies ist ein Ergebnis der Studie von Rainer Pekrun und seinem Team (2019).

37 Die erste Studie umfasste 302 Kinder, die vom sechsten bis zum 20. Lebensjahr begleitet wurden. Zum Zeitpunkt dieser Befragung waren sie 16 Jahre alt. In der zweiten Studie wurden die 378 Teilnehmenden zwischen 16 und 20 Jahren insgesamt dreimal befragt. In der ersten Befragung mit 16 Jahren stand der Rückblick auf ihre Kindheit im Mittelpunkt.

38 Malte Schwinger (2008) beschreibt solche Sachverhalte in seiner Dissertation. Siehe auch Kathryn Oleson et al. (2000).

39 Weitere Informationen finden sich in Paul Boxer et al. (2011).

40 Nachzulesen ist dieses Zitat in *Gehirn & Geist*, 3/2020, S. 39 von Sonja Rohrmann.

41 Das Hochstaplerkonzept wurde erstmals von den beiden Psychologinnen Pauline Rose Clance und Suzanne A. Imes beschrieben (1978) und dann vertieft (Clance, 1985; 1988), wobei zunächst sehr erfolgreiche Frauen im Fokus standen. Seither wird darüber geforscht, inwiefern es Unterschiede zwischen den Geschlechtern gibt.

42 Darüber berichtet ein Team um Brooke Gazdag im Fachmagazin *Personality and Individual Differences* (2018).

43 Johanna Hermann (2020) geht der Frage nach, warum Geschlechtsstereotype zur Bedrohung für das eigene Leistungsvermögen in der Schule werden. Siehe auch mein Aufsatz hierzu (2020b).

44 Kathelyn M. Cooper et al. (2018) sowie Katty Kay und Claire Shipman (2014) beleuchten diese Fragestellungen sehr differenziert.

45 Zu den namhaftesten Vertretern der kognitiven Verhaltenstherapie zählen Albert Ellis, Aaron T. Beck und Donald Meichenbaum. Kurz gefasst, besteht kognitive Verhaltenstherapie darin, systematisch die Selbstbeobachtung (Introspektion) auszubilden, die der Patient braucht, um krankmachender kognitiver Verzerrung aus eigener Kraft gegensteuern zu können.

46 Dazu äußert sich auch Désirée Waterstradt (2014). Ihrer Meinung nach handelt es sich um ein Schmähwort, das ein Gegenstück zum Begriff »Rabeneltern« geworden ist. Wer diesen Begriff benutze – Nachbarn, Lehrkräfte, Erziehende und teils auch Fachleute – würde sich Autorität anmaßen, die er nicht besitzt.

47 Die wichtigsten Studien hierzu sind die von Markus Neuenschwander (2013), Edith Niederbacher und Markus Neuenschwander (2020) sowie die Untersuchung *Eltern – Lehrer – Schulerfolg* von Katja Wippermann et al. (2013).

48 Zum kontrollierenden Erziehungsstil siehe die Dissertation von Christine Saemisch (2012). https://d-nb.info/1026768195/34 Zugriff am 18.01.2022.

49 Rosmarie Nave-Herz (2012) erläutert diesen Begriff in ihrer Publikation genauer.

50 Dass Belohnungen für Testergebnisse den langfristigen Lernerfolg mindern können, liest sich bei Christof Kuhbandner et al. (2016) oder bei Richard Ryan und Edward Deci (2001).

51 Siehe die Ausführungen zur intrinsischen Motivation von Marie Hennecke und Veronika Brandstätter (2016, S. 6ff.).

52 Eine neue Studie in Österreich stammt von Gert Feistritzer vom Institut für empirische Sozialforschung (2020). Ferner gibt es eine Umfrage des Forschungsinstituts forsa im Auftrag von »Studienkreis – Die Nachhilfe«. Befragt wurden rund 1000 Eltern mit schulpflichtigen Kindern. https://www.studienkreis.de/infothek/journal/belohnung-zum-zeugnis/ Zugriff am 13.01.2022.
In Deutschland hat die Bundesregierung zudem das Aktionsprogramm »Aufholen nach Corona für Kinder und Jugendliche« in Höhe von zwei Milliarden Euro für die Jahre 2021 und 2022 beschlossen.

53 Siehe die repräsentative Forsa-Umfrage bei 1002 Eltern schulpflichtiger Kinder in Deutschland im Auftrag von scoyo: https://www.familienhandbuch.de/kita/schule/rund/SollenSchuelerindenFerienlernen.php

54 Manuela Paechter et al. (2015) haben dieses Phänomen anhand einer Stichprobe von 182 zehn- bis zwölfjährigen Schülerinnen und Schülern in Österreich untersucht.

55 Das ist das Hauptergebnis einer Studie der Forschungsgruppe um Reinhard Pekrun und Masayuki Suzuki (2015). Sie analysierte die Entwicklung von über 3500 Kindern aus 42 Schulen in Deutschland während fünf Jahren. Die Kinder und Eltern wurden von der fünften bis zur zehnten Klasse einmal pro Jahr befragt. Unter anderem wurden von den Kindern die Leistungen in Mathematik erfasst. Die Eltern mussten angeben, welche Note sie von ihren Kindern in Mathematik im nächsten Zeugnis erwarteten. Außerdem wurden die Eltern befragt, welche Note das Kind wohl realistisch erreichen würde.

56 In meinem Buch zum *Mama-Mythos* (2020) erläutere ich die Hintergründe dieses Phänomens.

57 Siehe hierzu die etwas ältere Studie von Dominik Schöbi und Meinrad Perrez (2007) sowie die neuere Untersuchung von Dirk Baier et al. (2018).

58 Die Mehrheit der repräsentativen Befragungen legt diesen Schluss nahe, so etwa die Shell-Studie (Mathias Albert et al., 2019). Die Jugendlichen geben an, ein überwiegend gutes Verhältnis zu ihren Eltern zu haben und sehen ihre Eltern mehrheitlich sogar als Erziehungsvorbilder.

59 Siehe z. B. das Buch von Irit Wyrobnik (2021) oder die 2011 neu herausgegebenen Vorlesungen über Psychologie von Lew Wygotski.

60 Siehe Janusz Korczak (1928/1999), S. 393.

61 Nachzulesen ist dies in seinem Band *Ausgewählte Schriften II. Arbeiten zur psychischen Entwicklung der Persönlichkeit* (1987).

62 A. a. O., S. 83.
63 Dies beschreibt Lew Wygotski in den ausgewählten Schriften (1987), S. 287.
64 Diesen Begriff verwenden Esther Ziegler et al. (2011).
65 Weitere Ausführungen finden sich im Aufsatz von Winfried Kronig (2008).
66 https://www.lch.ch/fileadmin/user_upload_lch/Politik/Positionspapiere/170821_PositionspapierStandardisierteLeistungsmessungenTests.pdf Zugriff am 30.09.2021.
67 Winfried Kronig (2007) belegt dies in seiner Dissertation. Erstens entscheidet der Wohnort. Während man in einem Kanton respektive in einem Bundesland besser als 40 Prozent der Klasse sein muss, um nicht einer Haupt- oder Realschulklasse zugeteilt zu werden, reichen in einem anderen Kanton respektive in einem Bundesland bereits zehn Prozent. Zweitens spielt der Referenzgruppenfehler eine Rolle. Tatsache ist, dass sich Schulklassen im Leistungsspektrum stark unterscheiden. Die leistungsstärkste Schülerin einer Klasse würde beispielsweise in einer anderen Klasse zu den Schwächsten gehören. Drittens sind auch Buchstaben, Kreuzchen, Lernberichte und Ähnliches keine Alternative. Daniel Hofstetter (2017) dokumentiert das Tragische an der Notengebung, dass nämlich Verzerrungen bei jeglicher Form der Leistungsbeurteilung wirksam werden – auch wenn Noten durch Alternativen ersetzt werden.
68 Geringere Effekte konnte John Hattie beispielsweise für Faktoren wie Hausaufgaben eruieren (2014). Johann Gängler und Thomas Markert (2010) stellten fest, dass Lehrkräfte bei drei Vierteln der Schülerinnen und Schüler keinen positiven Effekt auf die Zeugnisnote sahen. Ulrich Trautwein und sein Forschungsteam fragten, unter welchen Umständen Hausaufgaben für Schüler der Sekundarstufe nützlich sind. Dabei kamen sie zur Erkenntnis, dass nicht die Zeit, welche die Lernenden für die Hausaufgaben aufwenden, entscheidend ist, sondern die Motivation (Richard Göllner et al., 2017).
69 Definiert werden sie als Eigenschaften oder Fähigkeiten personaler, sozialer und methodischer Art, welche als Potenziale oder Ressourcen das eigene zukünftige Verhalten und die Leistungen maßgeblich beeinflussen können.
70 Siehe Urs Grob und Katharina Maag Merki (2001); WHO (1994).
71 Dies erläutere ich im *Dossier zur praktischen Intelligenz* (2015).
72 Der Begriff stammt aus der sozialanthropologischen Rollentheorie von Herbert Mead (1968).
73 Siehe unsere Längsschnittstudie zu den Frühlesern (Margrit Stamm, 2005; 2007).
74 Darunter versteht man die Überzeugung, unangenehme oder schädliche Situationen nicht mehr vermeiden zu können und ihnen hilflos ausgeliefert zu sein.
75 Weitere Hinweise finden sich in Kurt A. Heller (2008) oder bei Matthias Grünke und Armin Castello (2004).
76 Mihály Csikszentmihalyi hat diesen Begriff eingeführt (1985; 2002).

Literatur

Albert, M., Hurrelmann, K., Quenzel, G. & Schneekloth, U. (2019). *Jugend 2019 – 18. Shell Jugendstudie: Eine Generation meldet sich zu Wort.* Weinheim: Beltz.

Altstötter-Gleich, C. & Geisler, F. C. M. (2017). *Perfektionismus – Mit hohen Ansprüchen selbstbestimmt leben.* Köln: Psychiatrie Verlag.

Altstötter-Gleich, C., Zureck, C., Wolf, T. & Brand, M. (2014). *It depends: Perfectionism as a moderator of experimentally induced stress.* Personality and individual differences, 63:30-35.

Baier, D., Manzoni, P., Haymoz, S. et al. (2018). *Elterliche Erziehung unter besonderer Berücksichtigung elterlicher Gewaltanwendung in der Schweiz. Ergebnisse einer Jugendbefragung.* Zürich: Zürcher Fachhochschule für Angewandte Wissenschaften.

Bandura, A. (2001). *The structure of children's perceived self-efficacy: A cross-national study.* European Journal of Psychological Assessment, 17, 87-97.

Beck, U. (1986). *Risikogesellschaft. Auf dem Weg in eine andere Moderne.* Frankfurt a. M.: Suhrkamp.

Berglas, S. & Jones, E. E. (1978). *Drug choice as a self-handicapping strategy in response to noncontingent success.* Journal of Personality and Social Psychology, 36, 405-417.

Bertram, H. (2013). *Reiche, kluge, glückliche Kinder? Der UNICEF-Bericht zur Lage der Kinder in Deutschland.* Weinheim: Juventa.

Boxer, P., Goldstein, S. & DeLorenzo, T. (2017). *Educational aspiration-expectation discrepancies: relation to socioeconomic and academic risk-related factors.* Journal of Adolescence, 34, 4, 609-617.

Bude, H. (2011). *Bildungspanik. Was unsere Gesellschaft spaltet.* München: Hanser.

Campbell, D. (1988). *Methodology and epistemology for social science. Selected papers.* Chicago: University of Chicago Press.

Caputo, V. (2007). *She's from a good family': Performing childhood and motherhood in a Canadian private school setting.* Childhood, 14, 2, 173-192.

Chayer, M. H. & Bouffard, H. (2010). *Relations between impostor feelings and upward and downward identification and contrast among 10- to 12-year-old students.* European Journal of Psychology of Education, 25, 1, 125-140.

Chua, A. (2011). *Battle hymn of the tiger mother.* Penguin Group: New York. Deutsch: *Die Mutter des Erfolgs. Wie ich meinen Kindern das Siegen beibrachte.* Zürich: Nagel & Kimche.

Clance, P. R. & Imes, S. A. (1978). *The impostor phenomenon in high-achieving women: Dynamics and therapeutic intervention.* Psychotherapy: Theory, Research and Practice, 15, 3, 241-247.

Clance, P. R. (1985). *The impostor phenomenon: Overcoming the fear that haunts your success.* Atlanta: Peachtree Publishers.

Clance, P. R. (1988). *Erfolgreiche Versager. Das Hochstapler-Phänomen.* München: Heyne.

Cooper, K. M., Krieg, A. & Brownell, S. E. (2018). *Who perceives they are smarter? Exploring the influence of student characteristics on student academic self-concept in physiology*. Advances in Physiology Education, 42, 2, 200-208.

Csikszentmihalyi, M. (1985). *Das flow-Erlebnis. Jenseits von Angst und Langeweile.* Stuttgart: Klett-Cotta.

Csikszentmihalyi, M. (2002). *Das Geheimnis des Glücks.* Stuttgart: Klett-Cotta 2002.

Deci, E. L. & Ryan, R. M. (1993). *Die Selbstbestimmungstheorie der Motivation und ihre Bedeutung für die Pädagogik.* Zeitschrift für Pädagogik, 39, 2, 223-238.

Deutschschweizer Erziehungsdirektoren-Konferenz (2016). *Lehrplan 21. Gesamtausgabe. Bereinigte Fassung.*

https://v-fe.lehrplan.ch/container/V_FE_DE_Gesamtausgabe.pdf. Zugriff am 17.12.2021.

Deutsches Kinderhilfswerk (2015). *Raum für Kinderspiel.* Münster: Lit.

Dohmen, D., Erbes, A., Fuchs, K. & Günzel, J. (2008). *Was wissen wir über Nachhilfe? Sachstand und Auswertung der Forschungsliteratur zu Angebot, Nachfrage und Wirkungen.* Berlin: Forschungsinstitut für Bildungs- und Sozialökonomie.

Duckworth, A. (2016). *Grit – Die neue Formel zum Erfolg.* München: C.Bertelsmann.

Elkind, D. (1988). *Das gehetzte Kind.* Hamburg: Kabel.

Feistritzer, G. (2020). *Nachhilfe in Österreich* 2020. Wien: Institut für empirische Sozialforschung.

Furedi, F. (2004). *Die Elternparanoia. Warum Kinder mutige Eltern brauchen.* München: dtv.

Gängler, H. & Markert, T. (2010). *Ganztagsschule ohne Hausaufgaben?!* Empirische Pädagogik, 24, 1, 78-92.

Gazdag, B. A., Bentley, G. R. & Brouer, R. L. (2018). *Are all impostors created equal? Exploring gender differences in the impostor phenomenon-performance.* Personality and Individual Differences, 131, 1, 156-163.

Göllner, R., Damian, R. I., Rose, N., Spengler, M., Trautwein, U., Nagengast, B., & Roberts, B. W. (2017). *Is doing your homework associated with becoming more conscientious?* Journal of Research in Personality, 71, 1-12.

Grob, U. & Maag Merki, K. (2001). *Überfachliche Kompetenzen. Theoretische Grundlegung und empirische Erprobung eines Indikatorensystems.* Bern: Lang.

Grolnick, W. S. & Ryan, R. M. (1987). *Autonomy in children's learning: An experimental and individual difference investigation.* Journal of Personality and Social Psychology, 52, 890-898.

Grolnick, W. S. & Ryan, R. M. (1989). *Parent styles associated with children's self-regulation and competence in school.* Journal of Educational Psychology, 81, 143-154.

Grolnick, W. S. (2003). *The psychology of parental control.* New York: Psychology Press.

Grunder, H.-U., Gross, N., Buri, A. & Kunz, M. (2013). *Nachhilfe. Eine empirische Studie zum Nachhilfeunterricht in der deutschsprachigen Schweiz.* Bad Heilbrunn: Klinkhardt.

Güllich, A. (2020). *Talente im Sport: Talententwicklung, Talenterkennung und Talentförderung*. Grundlagen von Sport und Sportwissenschaft, 1-18.

Grünke, M. & Castello, A. (2004). *Attributionstraining*. In G. W. Lauth, M. Grünke & J. C. Brunstein (Hrsg.), *Interventionen bei Lernstörungen. Förderung, Training und Therapie in der Praxis* (S. 382-390). Göttingen: Hogrefe.

Gurland, S. T. & Grolnick, W. S. (2005). *Perceived threat, controlling parenting, and children's achievement orientations*. Motivation and Emotion, 29, 2, 103-121.

Hadjar, A. & Becker, R. (Hrsg.) (2006). *Die Bildungsexpansion. Erwartete und unerwartete Folgen*. Wiesbaden: Verlag für Sozialwissenschaften.

Hattie, J. (2014). *Lernen sichtbar machen für Lehrpersonen*. Baltmannsweiler: Schneider.

Hays, S. (1996). *Cultural contradictions of motherhood*. New Haven: Yale University Press.

Heller, K. A. (2008). *Reattributionstraining (RAT) – ein unterrichtsintegriertes Modell der Begabtenförderung in mathematisch-naturwissenschaftlichen Fächern*. In C. Fischer, F. J. Mönks & E. Grindel (Hrsg.), *Curriculum und Didaktik der Begabtenförderung* (S. 304-329). Münster: Lit.

Hennecke, M. & Brandstätter, V. (2016). *Intrinsische Motivation*. In W. Bierhoff & D. Frey (Hrsg.). *Soziale Motive und soziale Einstellungen. Enzyklopädie der Psychologie*. Göttingen: Hogrefe.

Hennequin, J.-B. (2016). *Machiavelli für meinen Sohn: Eine kleine Philosophie der Macht*. Weinheim: Beltz Juventa.

Hermann J. M. (2019). *Warum Mädchen schlechter rechnen und Jungen schlechter lesen – Wenn Geschlechtsstereotype zur Bedrohung für das eigene Leistungsvermögen in der Schule werden*. In S. Glock & H. Kleen (Hrsg.), *Stereotype in der Schule* (S. 33-70). Wiesbaden: Springer VS.

Hof, S. & Wolter, S. C. (2012). *Nachhilfe – Bezahlte außerschulische Lernunterstützung in der Schweiz*. Aarau: SKBF Staff Paper 8.

Hofstetter, D. (2017). *Die schulische Selektion als soziale Praxis: Aushandlungen von Bildungsentscheidungen beim Übergang von der Primarschule in die Sekundarstufe I*. Weinheim: Beltz Juventa.

Jones, E. E. & Berglas, S. (1978). *Control of attributions about the self through self-handicapping strategies: The appeal of alcohol and the role of underachievement*. Personality and Social Psychology Bulletin, 4, 2, 200-206.

Kay, K. & Shipman, C. (2014). *The confidence gap*. The Atlantic. https://www.theatlantic.com/magazine/archive/2014/05/the-confidence-gap/359815/ Zugriff am 21.01.2022.

Köller, O. (2004). *Konsequenzen von Leistungsgruppierungen*. Münster: Waxmann.

Korczak, J. (1919-20/1999). *Wie liebt man ein Kind. Erziehungsmomente. Das Recht des Kindes auf Achtung* (S. 7-314). Sämtliche Werke, Bd. 4. Gütersloh: Gütersloher Verlagshaus.

Korczak, J. (1928/1999). *Das Recht des Kindes auf Achtung* (S. 383-413). Sämtliche Werke, Bd. 4. Gütersloh: Gütersloher Verlagshaus.

Kronig, W. (2007). *Die systematische Zufälligkeit des Bildungserfolgs*. Bern: Haupt.

Kronig, W. (2008). *Unstandardisierbar – Normierung zwischen Notwendigkeit und Unmöglichkeit.* Sonderpädagogische Förderung, 3, 229-238.

Kuhbandner, C., Aslan, A., Emmerdinger, K., & Murayama, K. (2016). *Providing extrinsic reward for test performance untermines long-term memory motivation in education. Reconsidered once again.* Review of Educational Research, 71, 1, 1-27.

Lareau, A. & Cox, A. (2011). *Social class and the transition to adulthood: Differences in parents' interactions with institutions.* In M. Carlson &. P. England (Eds.), *Social class and changing families in an unequal America* (pp. 134-164). Stanford: Stanford University Press.

Leuchter, M. (2013). *Die Bedeutung des Spiels in Kindergarten und Schuleingangsphase,* Zeitschrift für Pädagogik, 4, 575-592.

Liessmann, K. (2017). *Bildung als Provokation.* München: Piper.

Maaz, K., Trautwein, U. & Baeriswyl, F. (2011). *Herkunft zensiert. Leistungsdiagnostik und soziale Ungleichheiten in der Schule.* Vodafone Stiftung Deutschland.

Mead, G. H. (1968). *Geist, Identität und Gesellschaft.* Frankfurt a.M.: Suhrkamp.

Melhuish, E. (2014). *The impact of early childhood education and care on improved wellbeing* (pp. 33-43). London: British Academy.

Miller, A. (1979). *Das Drama des begabten Kindes.* Freiburg: Herder.

Miller, A. (1980). *Am Anfang war Erziehung.* Frankfurt a. M.: Suhrkamp.

Murayama, K., Pekrun, R., Suzuki, M., Marsh, H. W. & Lichtenfeld, S. (2016). *Don't aim too high for your kids: Parental overaspiration undermines students' learning in mathematics.* Journal of Personality and Social Psychology, 111, 5, 766-779.

Nave-Herz, R. (2012). *Familie heute. Wandel der Familienstrukturen und Folgen für die Erziehung.* Darmstadt: Primus.

Neuenschwander, M. P. & Niederbacher, E. (2014). *Elternmerkmale und Leistungsentwicklung beim Übergang in die Sekundarstufe I.* Erziehung und Unterricht, 7-8, 562-568.

Neuenschwander, M. P. (2013). *Selektion beim Übergang in die Sekundarstufe I und in den Arbeitsmarkt im Vergleich.* In ders. (Hrsg.), *Selektion in Schule und Arbeitsmarkt* (S. 63-97). Zürich/Chur: Rüegger.

Nida-Rümelin, J. (2014). *Der Akademisierungswahn. Zur Krise beruflicher und akademischer Bildung.* Hamburg: Edition Körber.

Niederbacher, E., & Neuenschwander, M. P. (2020). *Herkunftsbedingte Leistungsdisparitäten: Die Rolle von Selbstwirksamkeitsüberzeugungen und Unterstützungshandlungen von Eltern und Leistungserwartungen von Lehrpersonen.* Zeitschrift für Erziehungswissenschaft, 23, 739-767.

Oleson, K. C., Poehlmann, K. M., Yost, J. H., Lynch, M. E. & Arkin, R. M. (2000). *Subjective overachievement: Individual differences in self-doubt and concern with performance.* Journal of Personality, 68, 3, 491-524.

Paechter, M., Luttenberger, S., Macher, D. et al. (2015). *The effects of nine-week summer vacation: Losses in mathematics and gains in reading.* Eurasia Journal of Mathematics, Science & Technology Education, 11, 6, 1339-1413.

Pauli, D. (2018). *Size Zero. Essstörungen verstehen, erkennen und behandeln.* München: C. H. Beck.

Pekrun, R., Murayama, K., Marsh, H. W., Goetz, T. & Frenzel, A. C. (2019). *Happy fish in little ponds: Testing a reference group model of achievement and emotion.* Journal of Personality and Social Psychology, 117, 1, 166-185.

Piaget, J. (1981). *Einführung in die genetische Erkenntnistheorie.* Frankfurt a. M.: Suhrkamp.

Rohrmann, S. (2019). *Wenn große Leistungen zu großen Selbstzweifeln führen. Das Hochstapler-Selbstkonzept und seine Auswirkungen.* Göttingen: Hogrefe.

Rohrmann, S. (2020). *Mit jedem Erfolg wächst die Angst aufzufliegen.* Gehirn&Geist, 3, 36-39.

Ryan, R. M. & Deci, E. L. (2001). *Extrinsic rewards and intrinsic motivation in education. Reconsidered once again.* Review of Educational Research, 71, 1, 1-27.

Saemisch, C. (2012). *Elterlicher Erziehungsstil und Sozialverhalten von Kindern im Kindergartenalter.* Inaugural-Dissertation an der Heinrich-Heine Universität Düsseldorf. https://d-nb.info/1026768195/34 Zugriff am 25.11.2021.

Sälzer, C., Prenzel, M,. Schiepe-Tiska, A. & Hammann, M. (2016). *Schulische Rahmenbedingungen der Kompetenzentwicklung.* In K. Reiss et al. (Hrsg.), *PISA 2015. Eine Studie zwischen Kontinuität und Innovation,* S. 177-2018. Münster: Waxmann.

Schimank, U., Mau, S. & Groh-Samberg, O. (2014). *Statusarbeit unter Druck? Zur Lebensführung der Mittelschichten.* Weinheim: Beltz Juventa.

Schmeiser, M. (2003). *Missratene Söhne und Töchter. Verlaufsformen des sozialen Abstiegs in Akademikerfamilien.* Konstanz: Uvk Verlags GmbH.

Schmidt, W., Neuber, N., Rauschenbach, T. et al. (2015). *Kinder- und Jugendsport im Umbruch. Dritter Deutscher Kinder- und Jugendsportbericht.* Schorndorf: Hofmann.

Schmitt, H. (2013). *Sport im Kindesalter – Ist Hochleistungssport gesund?* Deutsche Sportmedizin, 11, 316-317.

Schmitz, G. S. (2007). *Was ich will, das kann ich auch. Selbstwirksamkeit – Schlüssel für gute Entwicklung.* Freiburg: Herder.

Schneider, S. & Magraf, J. (2018). *Lehrbuch der Verhaltenstherapie. Psychologische Therapien bei Indikationen im Kindes- und Jugendalter.* Berlin: Springer, Band 3.

Schneider, W. & Stumpf, E. (2007). *Hochbegabung, Expertise und die Erklärung außergewöhnlicher Leistungen.* In K. A. Heller & A. Zieger (Hrsg.), *Begabt sein in Deutschland* (S. 71-92). Berlin: Lit.

Schöbi, D. & Perrez, M. (2007). *Bestrafungsverhalten von Erziehungsberechtigten in der Schweiz. Eine vergleichende Analyse des Bestrafungsverhaltens von Erziehungsberechtigten 1990 und 2004.* undKinder, 80, 13-25.

Schulmeister, S. (2014). *Unterrichtsentwicklung durch Wettbewerbe.* Dissertation zur Erlangung des akademischen Grades Doktor der Ingenieurwissenschaften (Dr.-Ing.) der Technischen Fakultät der Christian-Albrechts-Universität zu Kiel.

https://www.uni-kiel.de/journals/servlets/MCRFileNodeServlet/jportal_derivate_00001227/kcss_2015_03_v1.0_print.pdf Zugriff am 25.01.2022.

Schulte-Markwort, M. (2016). *Burnout-Kids. Wie das Prinzip Leistung unsere Kinder überfordert.* München: Knaur.

Schwinger, M. (2008). *Selbstwertregulation im Lernprozess – Determinanten und Auswirkungen von Self-Handicapping*. Dissertation Universität Gießen.
http://geb.uni-giessen.de/geb/volltexte/2008/6643/pdf/SchwingerMalte-2008-11-19.pdf Zugriff am 25.01.2022.

Simmel, G. (1995). *Die Großstädte und das Geistesleben*. In R. Kramme, A. Rammstedt O. Rammstedt (Hrsg.), Georg Simmel *Gesamtausgabe. Aufsätze und Abhandlungen* (S. 116-131). Frankfurt a.M.: Suhrkamp.

Stamm, M. (2005). *Zwischen Exzellenz und Versagen. Schullaufbahnen von Frühlesern und Frührechnerinnen*. Zürich/Chur: Rüegger.

Stamm, M. (2007). *Geboren 1988: Bildungslaufbahnen und berufliche Identität von Jugendlichen in der Schweiz*. In H. Kahlert & J. Mansel (Hrsg.), *Bildung und Berufsorientierung. Der Einfluss von Schule und informellen Kontexten auf die berufliche Identitätsentwicklung* (S. 83-100). Weinheim: Juventa.

Stamm, M. (2008). *Perfektionismus und Hochbegabung*. news&science, 1, 36-40.

Stamm, M. (2011). *Wenn Jugendliche ihr Potenzial nicht umsetzen – Vier Perspektiven auf den Begriff Underachievement und seine Legitimationsprobleme*. In O. Zlatkin-Tritschanskaia (Hrsg.), *Stationen empirischer Bildungsforschung. Traditionslinien und Perspektiven* (S. 23-35). Wiesbaden: VS Fachverlag.

Stamm, M. (2013). *Bildungsort Familie. Entwicklung, Betreuung und Förderung von Vorschulkindern in der Mittelschicht*. Dossier 13/1. Bern: Forschungsinstitut Swiss Education.

Stamm, M. (2014a). *Frühe Förderung als Kinderspiel. Ein Plädoyer für das Recht des Kindes auf das freie Spiel*. Dossier 14/5. Bern: Forschungsinstitut Swiss Education.

Stamm, M. (2014b). *Praktische Intelligenz und Expertise*. In A. Ziegler & E. Zwick (Hrsg.), *Theoretische Perspektiven der modernen Pädagogik* (S. 73-84). Münster: Lit.

Stamm, M. (2015). *Praktische Intelligenz: Ihre missachte Rolle in der beruflichen Grundbildung*. Dossier 15/2. Bern: Forschungsinstitut Swiss Education.

Stamm, M. (2017). *Lasst die Kinder los! Warum entspannte Erziehung lebenstüchtig macht*. München: Piper.

Stamm, M. (2019). *Frauen werden von klein an zum Selbstzweifel erzogen*. Gastbeitrag in der NZZ, 13.06., 10.

Stamm, M. (2020). *Du musst nicht perfekt sein Mama. Schluss mit dem Supermamam-Mythos*. München: Piper.

Stamm M. et al. (2012). *FRANZ. Früher an die Bildung – erfolgreicher in die Zukunft? Familiäre Aufwachsbedingungen, familienergänzende Betreuung und kindliche Entwicklung*. Schlussbericht zuhanden der Hamasil Stiftung und der AVINA Stiftung. Universität Fribourg: Departement Erziehungswissenschaften.

Stamm, M., Leumann, S. & Kost, J. (2014). *Erfolgreiche Migranten. Ihr Ausbildungs- und Berufserfolg im Schweizer Berufsbildungssystem*. Münster: Waxmann.

Stern, E. & Hofer, S. (2014). *Wer gehört auf das Gymnasium? Intelligenzforschung und Schullaufbahnentscheidungen*. In E. L. Wyss (Hrsg.), *Von der Krippe zum Gymnasium. Bildung und Erziehung im 21. Jahrhundert* (S. 41-54). Weinheim und Basel: Beltz.

Tomasik, M. J., Oostlander, J., & Moser, U. (2018). *Von der Schule in den Beruf: Wege und Umwege in der nachobligatorischen Ausbildung*. Zürich: Institut für Bildungsevaluation.

Uhlig, J., Solga, H. & Schupp, J. (2009). *Ungleiche Bildungschancen: Welche Rolle spielen Underachievement und Persönlichkeitsstruktur?* Berlin: Deutsches Institut für Wirtschaftsforschung.

Wahl, D. (1975). *Erwartungswidrige Schulleistungen*. Weinheim: Beltz.

Waterstradt, D. (2014) *Elternschaft und die schul-höfische Gesellschaft. Die sorgfältige Kultivierung der Spannungsbalancen einer Bildungsrepublik*. Sozialwissenschaften und Berufspraxis, 37, 1, 44-59.

Wippermann, K., Wippermann, C. & Kirchner, A. (2013). *Eltern – Lehrer – Schulerfolg. Wahrnehmungen und Erfahrungen im Schulalltag von Eltern und Lehrern*. Berlin: De Gruyter.

World Health Organization (WHO) (1994). *Life skills education for children and adolescents in schools. Introduction and guidelines to facilitate the development and implementation of life skills programmes.* Geneva: World Health Organization. Zugriff am 31.11.2021.

Wygotski, L. S. (1987). *Ausgewählte Schriften II. Arbeiten zur psychischen Entwicklung der Persönlichkeit*. Berlin: Volk und Wissen.

Wygotski, L. S. (2011). *Vorlesungen über Psychologie*. Herausgegeben von Georg Rückriem. Berlin: Lehmanns Media.

Wyrobnik, I. (2021). *Korczaks Pädagogik heute. Wertschätzung, Partizipation und Lebensfreude in der Kita*, Vandenhoeck & Ruprecht.

Ziegler, E., Neubauer, A. & Stern, E. (2012). *Kompetenzen aus der Perspektive der Kognitionswissenschaften und der Lehr- Lern-Forschung*. In M. Paechter, M. Stock, S. Schmölzer-Eibinger et al. (Hrsg.), *Kompetenzorientiertes Unterrichten in der Schule* (S. 14-26). Weinheim: Beltz.

Zuckerman, M. & Tsai, F. F. (2005). *Costs of self-handicapping*. Journal of Personality, 73, 411-442.

Zumbühl, M. & Wolter, S. (2017). *Wie weiter nach der Schule? Bildungsentscheidungen und -verläufe der PISA-Kohorte 2012 in der Schweiz*. Aarau: Schweizerische Koordinationsstelle für Bildungsforschung. Staff Paper 20.

Abbildungen

Abbildung 3: Normalverteilung des IQ und seine ermittelte Verteilung bei Schweizer Gymnasiastinnen und Gymnasiasten – nach Elsbeth Stern und Sarah Hofer: Wer gehört auf das Gymnasium? Intelligenzforschung und Schullaufbahnentscheidungen. In E. L. Wyss (Hrsg.), Von der Krippe zum Gymnasium. Bildung und Erziehung im 21. Jahrhundert (S. 41-54), Beltz Verlag, Weinheim und Basel.

Abbildung 4: Der Fischteicheffekt und seine Bedeutung für Hochleisterkinder – nach Olaf Köller: Konsequenzen von Leistungsgruppierungen 2004, Pädagogische Psychologie und Entwicklungspsychologie, Band 37, mit freundlicher Genehmigung des Waxmann Verlags, Münster.

Alle anderen Abbildungen beruhen auf den Daten der Autorin.